Darstellung

der innern

Verwaltung Großbritanniens

von

L. Freiherrn von Vincke.

Herausgegeben

von

B. G. Niebuhr.

Zweite Auflage.

Der Ertrag ist für die Deutsche Flotte bestimmt.

Berlin, 1848.

Verlag von G. Reimer.

Vorrede.

Die nachstehende Schrift ward von meinem Freunde im Sommer 1808 verfaßt, während er sich hier in der Mark in einer erzwungenen Geschäftslosigkeit aufhielt. Er selbst war von dem Sinn beseelt, der unsre Gesetzgebung damals wenigstens nach schönen und edeln Zielen leitete, — von der Erkenntniß daß die Freiheit ungleich mehr auf der Verwaltung als auf der Verfassung beruhe: aus welcher die Städteordnung hervorging, und eine vollendete Reihe gleicher Einrichtungen sich neben dieser erhoben haben würde, wenn das Schicksal nicht störend dazwischen getreten wäre. Daß er einen höheren Zweck als den der historischen Belehrung allein hatte, daß er eine Schilderung zu praktischer Beherzigung aufstellen wollte, dies kann dem Leser nicht entgehen.

Eine Schrift von diesem Geist und Inhalt, welche dem französisch-westphälischen Verwaltungssystem den Krieg auf eine gar nicht zu verhehlende Weise ankündigte, konnte dazumal, und während der ganzen Dauer unsrer Knechtschaft, freilich nicht im Druck erscheinen. Mehrere Freunde des Verfassers lasen und bewahrten sie indeß in Abschriften, und durch ihre Ermahnungen und Bitten ist derselbe, der nicht einmal ein Exemplar seiner Arbeit behalten hatte, bewogen worden in die Herausgabe zu willigen. Eine Ueberarbeitung zu unternehmen, mit Rücksicht auf die Möglichkeit deutschen Ländern Einrichtungen wiederzugeben, die den hier geschilderten brittischen dem Geiste nach entsprächen, und ohne Künstelei aus einheimischen Formen hergestellt werden könnten, — ist er durch die Last seiner Dienstgeschäfte gehindert worden.

Die innere brittische Verwaltung, welche hier mit höchst bestimmten und scharfen Umrissen geschildert wird, ist in allen, so zahlreichen Werken über England und dessen Staatsverfassung entweder ganz ausgelassen; oder wenn sie, und ihre Seele, das Institut der Friedensrichter, erwähnt wird, so ist es klar, daß der Begriff der Schriftsteller von Verwaltung und ihren Geschäften eben so dunkel und verworren, als ihre Kenntniß von den Verhältnissen, worin sie dort ausgeführt werden, dürftig ist. Dies gereicht ihnen nicht einmal zu besonderem Vorwurf: denn es giebt in England selbst kein einziges Werk worin sich dieser Gegenstand zu einer leichten Uebersicht verarbeitet fände — wie denn überhaupt Handbücher und Systeme über Staatsverhältnisse dort in demselben Verhältniß fehlen wie eine umständliche, vertrauliche, durch praktisches Leben erworbene Bekanntschaft mit dem Einzelnen das Eigenthum Vieler daselbst ist. Verwaltung und Regierung, so wie Rechtskunde und Rechtspflege, ist dort, wie bei den Alten, eben so gut eine Kunst die man handanlegend lernt, wie jeder bürgerliche Beruf. Unsere Reisenden hingegen, denen eigene Anschauung verschaffen sollte was der Bücherleser nicht haben kann, sind fast alle ohne einige Kenntniß von den Elementen dieser Kunst, und der bürgerlichen Verwaltung: sie begreifen daher gerade hierüber gar nichts, indem sie alle ihnen bekannte Einrichtungen vermissen, und die für sie unerhörten, welche sie, unter sehr uneigentlich scheinenden Namen, antreffen, durchaus nicht verstehen können. Denn sie wissen gar nicht was sie suchen sollen.

Der Verfasser unsrer Schrift hingegen, welcher England zweimal besuchte (1800 und 1807), war durch bedeutende Geschäfte gebildet die unverständlichen Formen zu durchschauen: und da er bald ihre Kraft und Lebendigkeit einsah, so versäumte er keine Mühe die durch glückliche Umstände ihm dargebotenen Gelegenheiten zu Erkundigungen zu benutzen. So wohnte er manchen Geschäftsverhandlungen als Augenzeuge bei: und der Schlüssel seiner Studiums war, daß er, vertraut mit den verschiedenen Gegenständen die jede Verwaltung in sich schließt, sich das Problem vorlegte, wie jeder derselben in England betrieben werde? Dies gestaltete sich ihm bald zu einem allgemeinen Bilde, zu dessen näherer Ausführung praktische englische Werke, wie Burn's Justice of the Peace, und dann parlamentarische Commissionsberichte u. dgl. ihm den Stoff gewährten.

Zu ähnlichen Erkundigungen der innern Verhältnisse fremder Länder sollten alle Reisende, die sich nicht auf ein einzelnes wissenschaftliches Fach anweisen, sich vorzubereiten suchen, — in den Ländern welche die französische

Revolution umgegossen, ist in dieser Hinsicht vieles auf ewig in Vergessenheit gerathen.

Unwissenheit über diese Gegenstände verfälscht das Urtheil über die Verhältnisse der Vergangenheit, und die Wünsche für die Zukunft. Man hält die Verfassungen des früheren Mittelalters für despotisch, weil keine aus der Nation hervorgegangene Repräsentation sichtbar ist, und manche Gewaltsamkeit erscheint: während der Fürst jeder Gemeinde, wie jedem einzelnen, den ganzen Haushalt ungestört ließ, und die Gesetzgebung unantastbar vererbt ward: und man erwartet Freiheit von einer so oder so zu erwählenden Versammlung, unbekümmert daß mit jedem Schritt der Gesetzgebung allenthalben irgend ein noch übriger Winkel freier Thätigkeit der Vormundschaft eines Systems besoldeter Diener unterworfen wird. England hat in dieser Hinsicht dem Erbtheil nach nichts vor Deutschland voraus: aber wir haben unsere Verwaltungsfreiheit kaum in einzelnen kleinen Gebieten bis auf die Zerstörung der letzten Zeit zu bewahren gewußt; und wo sie sich erhalten hatte, ward sie durch Misbrauch verächtlich.

Die Englische Verfassung ist der Form nach seit 1689 nicht geändert worden: aber wohl die Verwaltung: und von da her ist es, daß die Aristokratie so sehr abgenommen hat, und die der zweiten Klasse, der Country Squires, eigentlich untergegangen ist: ob ganz ohne Nachtheil, ist wieder eine andre Frage.

Wie wenig sich übrigens auch die brittische Verwaltung verpflanzen läßt; wie unendlich verschieden die Bedeutungen, deren die Formen des bürgerlichen Wesens fähig sind: zeigt sich zunächst in Irland, wo das Schema der Verfassung dem der englischen genau entspricht, und wo doch anstatt der Freiheit, der Liebe fürs Gemeinwohl, der Gerechtigkeit, nichts als Tyrannei, Egoismus und Unterdrückung zu finden ist. In Schottland ist auch die äußere Form wesentlich verschieden: es ist Schade daß mein Freund die Eigenthümlichkeiten dieser beiden Länder nicht hat erörtern können. So viel ich mich selbst erinnere, hat der Sheriff in den schottischen Grafschaften noch ein Gericht, und zwar eine Civilinstanz: und, wie gänzlich auch die Gesetze das Feudalverhältniß haben abschaffen wollen, so wenig haben sie bis jetzt den Geist desselben zu verbannen vermocht. Das wahre Unwesen, und wodurch Schottland in vielen Hinsichten in der That ein unfreies Land ist, ist, wie auf dem Lande der Pachtwucher, so in den Städten die Unabhängigkeit der Magisträte von aller Controlle der Bürgerschaft — sie wählen sich selbst, legen keine Rechnung ab, und ernennen die Deputirten zum Parlament.

Es wollen weder dieser Ort noch Zeit und Hülfsmittel gestatten, Veranlassung zu nehmen um die Friedensrichter und Geschwornengerichte auf ihren deutschen Ursprung zurückzuführen. Das alte englische Landrecht, worin diese Institutionen gegründet sind, verdient, in so fern es eine Gestaltung unsers gemeinen germanischen ist, von Deutschen viel tiefer erörtert zu werden, als es auch von den besten englischen Schriftstellern geschehen ist. Zu beachten ist in Hinsicht der in der nachstehenden Schrift vorkommenden Angabe über die Entstehung des Friedensrichteramts, daß common law und statute law von der alten englischen Gesetzgebung unterschieden werden, wie bei den Franken lex und die Capitularen; daß in England, seit Wilhelm dem Eroberer, das erste die Einheimischen gebunden zu haben scheint, so wie das Normannische Recht und die Statuten die herrschende Nation; daß die Zahl und Bedeutung der Freien welche sich nach der Eroberung erhielten, unendlich viel größer war als sie auch in unsrer Schrift angenommen wird (z. B. in London und andern Städten, und in Kent durchaus); daß die Friedensrichter offenbar nur die freien Unterthanen des Königs, die nach angelsächsischem Landrecht lebten, angingen, und zwar als Schultheißen mit ihren Schöffen; und daß die in unsrer Schrift angeführte Acte, wodurch auch der Friede des statutarischen Gesetzes ihrer Bewahrung anvertraut wurde, der entscheidende Schritt war um die herrschende Nation und die unterjochte mit einander zu verschmelzen.

Berlin, den 24. October 1815.

B. G. Niebuhr.

Vorrede zur zweiten Auflage.

Ein neuer Verwaltungsorganismus wird und muß in Preußen an die Stelle des bisherigen treten; darüber sind alle Stimmen einig. Ein wahrhaft originales Werk können wir aber von unsrer Zeit, die nichts weniger als schaffend ist, nicht erwarten und wir werden an Beispiele gewiesen sein. Zwei Extreme bieten sich zur Nachfolge dar: die französische und die englische Verwaltungsform. Wehe uns wenn wir dem französischen Muster folgen! Was würde uns die Freiheit des Allgemeinen helfen, wenn wir im Einzelnen und Geringen bevormundet und geknechtet würden. Wohl würde viele Tyrannei, Bestechung und Veruntreuung, die in Frankreich mit dieser Form verknüpft sind, in einem deutschen Staate nicht möglich werden; Vieles von jenem Unheil ist durch den französischen Nationalcharakter bedingt, aber vieles Andere nicht, und wir würden unter einem Verwaltungsorganismus nach französischem Zuschnitt uns gar bald nach den alten preußischen Formen zurücksehnen, nach der Freiheit der Gemeinden, nach dem eifrigen Vertreten der provinziellen und localen Interessen durch die untern Verwaltungsbehörden gegen die Central-Gewalt und Central-Anmaßungen, nach der Ehrenhaftigkeit des alten preußischen Beamtenstandes, der, wie sehr auch die Ehre dieses Standes in den letzten Jahren gemindert worden ist, dennoch in der Welt seines Gleichen nicht hat. Mehr zur Nachfolge reizen die englischen Verwaltungsformen, die das höchste Maß der Freiheit im Geringsten so wohl wie im Größesten sichern, die dem Einzelnen und der Commune dasselbe Maß der freien Bewegung gewähren wie der gesammten Nation. Aber tausend Bedingungen fehlen uns zur Annahme dieser Formen, und bei unbedingter Nachahmung würden wir rettungslos der Herrschaft von Clubbs anheimfallen. England wird davor gesichert durch den streng gesetzlichen Sinn der Nation, durch die große Anzahl wohlhabender und durchgebildeter Männer, welche im Stande sind die Besorgung der öffentlichen Geschäfte als Ehrenamt zu übernehmen, und mit wahrer Einsicht in die Bedürfnisse der weitesten wie der engsten Kreise auszuführen, und wie weit sind wir von diesen beiden Bedingungen entfernt! Jedoch ein Muster einer Verwaltung, wie sie in einem freien Lande, das seit Jahrhunderten im ruhigen Besitz der höchsten Güter des Volkes ist, erreicht werden kann, bleibt die englische, und sie zu kennen ist eine wichtigere Aufgabe für den Bürger, als die Beschäftigung mit den Theorieen über Repräsentation, die müßig bleiben, wo nicht eine freie Verwaltung die Freiheit in den untersten Schichten wahrhaft begründet.

Nirgends ist eine vollkommnere Darstellung dieser Verwaltung gegeben worden, als in dem Schriftchen Vinckes, dessen zweite Auflage nothwendig geworden, nachdem in den letzten Monaten durch vermehrte Nachfrage die erste erschöpft ist. Zwar ist in den 40 Jahren seitdem sie geschrieben Vieles in der englischen Verwaltung geändert; es ist namentlich die Zahl der besoldeten Beamten erheblich vermehrt, der Umfang der Regierung ist erweitert, das Princip des self-government ist überhaupt vielfach in Frage gestellt. Eine genaue Darstellung dieser Veränderungen wäre lehrreich in jeder Beziehung: lehrreich namentlich für die Frage, wie weit Deutschland dem altenglischen Beispiele folgen kann; denn jene Veränderungen sind nicht muthwillig gemacht, sie sind durch wahres Bedürfniß, durch traurige Umwandlungen in dem Geiste der Nation, durch die Störung des Gleichgewichts der verschiednen Classen, durch die Abnahme des gesetzlichen Sinnes, der politischen Aufopferungsfähigkeit herbeigeführt. Es wäre also im höchsten Grade lehrreich zu erfahren, wie weit jene freie Verwaltung unmöglich gemacht worden ist durch die Annäherung des politischen und moralischen Zustands Englands an den des Continents. Aber wer soll in dem gegenwärtigen Augenblick ein solches Werk unternehmen, das würdig wäre zur Ergänzung und Erläuterung der unübertrefflichen Darstellung Vinckes zu dienen, und so muß dieses Schriftchen in die Welt gehen als Schilderung der Verwaltung Englands, wie sie vor 40 Jahren war, zur Zeit der höchsten politischen Blüthe dieses Landes.

Eine andre Art von Ergänzung dieses Werkchens wird indeß den Lesern geboten durch die Sammlung der Steinschen Entwürfe zur Reorganisation Preußens, die von Herrn G. Perz in diesen Tagen herausgegeben ist. Aus diesen Entwürfen geht vollständig hervor was die freien und edlen Männer, die zuerst den Gedanken der Wiedergeburt Preußens faßten, was Vincke selbst von den englischen Verwaltungsformen für anwendbar auf Preußen hielten. Wohl uns wenn wir nur das Maß freier Verwaltung, das uns damals zugedacht ward, wirklich erhalten, wenn wir nach kurzer Schule reif werden in ein größeres und immer größeres Maß einzutreten! Wie herrlich stünde Preußen da, wenn es 1809 u. ff. die von jenen Männern ihm zugedachten Gaben ungeschmälert empfangen hätte, wenn das so Gegebene mit freiem Geiste weiter entwickelt wäre, statt daß wir jetzt nur verkümmerte Bruchstücke erhalten hatten und diese Bruchstücke sich fortwährend minderten.

Daß der Sohn des Herausgebers, nicht ein Sohn des Verfassers, die zweite Auflage geleitet bedarf einer Entschuldigung. Es ist lediglich durch die größre Nähe des Wohnorts herbeigeführt, die bei der schleunigen Veranstaltung dieser neuen Auflage entscheidend war.

Magdeburg im Juni 1848.

Marcus Niebuhr.

Unter den mannigfach interessanten Ansichten, welche eine nähere Kenntniß von Großbritannien darbietet, ist unstreitig die merkwürdigste, der leise und einfache, doch feste und kräftige Gang der großen Staatsmaschine in der ganzen innern Verwaltung des Reiches, ohne sichtbare Einwirkung der Regierungsgewalt.

Da giebt es keine Ministerialdivisionen und Büreaux, oder General- und Landesdirektorien, keine Ober- und Unter-Präfekten, Regierungs- oder Kammer-Kollegien, keine Bürgermeister und Rath oder Mairen und Munizipalitäten in jeder städtischen oder ländlichen Gemeinde, keine Land- und Steuer-Räthe, keine Gendarmerie und Polizeikommissäre, fast gar keine sichtbare Regierungsbeamte, Personen die aus dem Regieren ein eigentliches Geschäft und Gewerbe machen, und sich handwerksmäßig darauf vorbereiten. Man findet nur einige wenige in Personen und Geschäften häufig wechselnde Minister — ganz unähnlich den Ministern anderer Staaten — den großen unförmlichen Körper, das Parlament, ein wunderbares Gemisch von Gesetzgebungs- Aufsichts- und Ausführungs-Gewalt, der nur periodisch zusammentritt, nach der Meinung vieler im Auslande blos aus feilen Schwätzern und Hofleuten zusammengesetzt; einige wenige Richter von Handwerk für das ganze große Reich, an Anzahl kaum einem der größern Gerichtshöfe des Landes gleich, dem die Welt den Preis der besten Justizpflege einräumt; Soldaten in so geringer Anzahl, daß sie kaum unter der Menge bemerkbar werden; und für alles übrige das Volk selbst, und einige Männer aus demselben, welche das Regieren neben ihrem eigentlichen Berufsgewerbe, nur als Nebensache, ohne allen äussern Prunk, ohne Besoldung betreiben.

Tritt man nun vollends aus den beiden Hauptstädten hinaus in das Land, so verschwindet größtentheils auch das; es bleibt fast gar keine sichtbare Spur einer öffentlichen regierenden Gewalt, zumal für den, welchen der Zufall nicht etwa mit den reisenden Richtern (Assizes of Judges) oder mit den vereinigten Friedensrichtern (Quarter sessions of Justices) irgendwo zusammenführt.

Man erstaunt um so mehr, je weniger man irgendwo Regierung vermißt: mit einer Schnelligkeit und Bequemlichkeit, von der in andern Ländern keine Idee ist, und Sicherheit (trotz der abenteuerlichen Erzählungen von Highwaymen) durchreiset man auf den — ohne schulgerechtes chausseemäßiges Ansehen — schönsten, überall guten Wegen, ohne Extrapostеinrichtung und Zwang, bei durchweg bis ins äusserste Hochland guten Gasthöfen, nach allen Richtungen ein Land, dem gleich einst etwa die Niederlande, jetzt kein anderes großes Reich, so viel Leben und Thätigkeit, so viel Kultur und hohen Wohlstand, so viel Freundlichkeit und Mannigfaltigkeit, so viel öffentliche Anlagen und solche Wohlthätigkeitsanstalten darstellt; man trifft auf neue Städte, die sich von selbst aus der Erde erheben, in großer auch polizeilicher Vollkommenheit; überall freie Wirksamkeit der Menschen, ihren eignen und ihrer Mitbürger Zustand zu verbessern; keine ängstigenden Douanen und Akzisegeister; Niemand der Notiz von uns nimmt. Zwar hört man wohl von mancherlei und schweren Taxen, die dem Fremden sehr fürchterlich erscheinen; von einer ungeheuern immer fortschreitenden Schuldenmasse, die ihm den unausbleiblichen Untergang des Staats verkündigt: bemerkt aber dabei so viel ruhigen glücklichen Lebensgenuß in allen Klassen verbreitet, diejenige der niedern Handarbeiter, selbst der Bettler nicht ausgenommen, in einem Worte — comfort — ausgedrückt, welches keine Sprache wiedergeben kann, weil die Sache in der Art nirgends existirt, daß dabei alle Besorgniß verschwindet, es möchten Taxen und Schulden die Menschen erdrücken und schrecken: zumal wer gesehen, wie wenig selbst der fürchterliche vierzehnjährige Krieg diesen Zustand gestört, und die Fortschritte der innern Vervollkommnung gehemmt hat, und wie solcher im Sommer 1807 noch im Allgemeinen nicht weiter als in den Zeitungen bemerkbar war.

Zuweilen begegnen freilich Gegenstände, an denen wohl manches zu tadeln wäre: ausgedehnte wüste Gemeinheiten, Armengesetze und Einrichtungen, welche nur darauf berechnet scheinen alle Menschen arm zu machen, keine öffentliche Unterrichtsanstalten, keine Medizinalpolizei, mangelhafte Vorbeugungsmaßregeln gegen Lebens- und Eigenthumsgefahr, mangelhafte Civil- und Kriminal-Justiz-Verfassung *) u. m.: aber die ein-

*) So erscheint mir wenigstens die erstere wie die letztere, ungeachtet vieler Lobpreisungen und neuerlichen Nachahmung, denn bei manchen trefflichen Grundzügen und dem einzelnen Guten was darin anzutreffen ist, dürften sie dennoch den gegenwärtigen Zeiten und Verhältnissen in vielen Stücken nicht angemessen erachtet werden können, zumal die erstern. Der Mangel eines eigentlichen Gesetzbuches und fester Prozeßordnung; die ungeheure Kostbarkeit der Prozesse (an Sporteln und Advokatengebühr nicht allein, sondern vornehmlich durch die eigne Beweisform, welche z. B. nöthigt, alle Zeugen, aus den entferntesten Weltgegenden, persönlich dem Gerichte in Westminster zu fistiren); die Billigkeits- und Geistlichen Gerichte, welche wieder nach ganz verschiedenen Gesetzen und Formen verfahren; der mangelhafte, so gut wie ganz zessirende, Instanzenzug; die unvollkommenen Bildungsanstalten für Rechtsgelehrte, und so viele andere Eigenthümlichkeiten, sind wahrlich keine beneidenswerthe Vorzüge. Wenn es aber zu bedauern ist, daß in diesem Lande es fast eben so schwierig wird, einige anerkannte schädliche Einrichtungen zu verbessern, als die vielen trefflichen Einrichtungen zu verwischen und zu verderben: so ist es wenigstens ein Trost, wie weit die letztern doch überwiegen und die erstern den

zelnen Mängel werden durch die Trefflichkeit des Ganzen so sehr im Gleichgewicht gehalten, ja überwogen, daß sie, den Einwohnern selbst kaum bemerkbar, sich verlieren im Gefühle des ihnen eignen Glücks; daß der Fremde es begreift, wie die Eingebornen auf das Vaterland stolz sein können, daß er ihnen diesen Stolz und die gerechten festen Grundlagen desselben beneiden kann; und wenn er ein Vaterland hat, und es liebt, selbst wünschen muß, eins mit dem andern dahin zu übertragen.

Es haben uns viele Reisebeschreiber von den englischen Besonderheiten erzählt; sie in einem hellen oder dunkeln Lichte dargestellt, gewöhnlich je nachdem sie länger oder kürzer auf der merkwürdigen Insel verweilet; aber sie haben in Betrachtung und Erzählung, in Bewunderung und Herabwürdigung der Erscheinungen, diese selten begriffen, und es größtentheils versäumt den eigentlichen Ursachen nachzuforschen, welche so große Wirkungen geschaffen. Man wird gewöhnlich verwiesen auf die Konstituzion und auf den großen auswärtigen Handel, als die Quellen alles Guten und Bösen: zu zeigen wie unschuldig der letztere, würde hier zu weit abführen; jene ist allerdings ein großes Meisterstück in der Sonderung und Mischung der Gewalten, und der Einigung aller zum gemeinen Besten: aber sie ist ein Werk woran Jahrhunderte, ein eigenes glückliches Zusammenwirken und verständiges Benutzen von Schicksalen und

---

daran einmal gewöhnten Einwohnern in dem Grade unmerklich machen, daß sie darin selbst Vorzüge zu besitzen sich einbilden. Dennoch ist es gewiß zu bedauern, daß die englische Rechtslehre in Deutschland so wenig gekannt war; viel einzeln Zweckmäßiges, so wie der gemeinschaftliche Ursprung, würde sie interessant gemacht haben, und eine Uebersetzung von Blackstones Commentaries on the Law of England wohl eine ganze Anzahl englischer Romane, vielleicht auch einige der unzähligen Uebersetzungen und Ueberarbeitungen eines andern fremden Gesetzeswerks, womit wir seit einem Jahre überschwemmt werden, aufgewogen haben. —

Umständen gebauet und gebessert haben, welches so an den Boden gewachsen ist, auf der Insel und an den Menschen haftet, daß es sich schwerlich nach andern übertragen und diesen gleich anpassen läßt. Auch verliert sich der einzelnen Bürger Antheil an der Regierung im Großen, bei näherer Analyse, in ein unmerkliches Nichts; er ist blos den Wenigen interessant, deren Zweck auf Erlangung politischen Einflusses gerichtet ist; und hat für den großen Haufen nur eine Wichtigkeit in der Meinung, letztere freilich von großer Bedeutung. Viel wesentlicher ist wohl die Zweckmäßigkeit der Gesetze und bürgerlichen Einrichtungen, am allerbedeutendsten die Art und Weise wie jene ausgeführt, und wie durch diese die Bestimmung der tauglichsten Ausführer und eine lebendige Kontrolle von beiden gesichert werden. Die hierauf abzweckenden Einrichtungen haben in Großbritannien eine eigenthümliche Vollkommenheit erlangt, sie bestimmen den Charakter des Ganzen, und in ihnen löset sich das Räthsel so merkwürdiger Erscheinungen *); von diesen läßt sich auch manches andern Ländern übereignen, für welche die brittische Konstituzion nicht passen würde, und welche, bei eignen guten Gesetzen, der brittischen entbehren können: soweit dieselben die innere allgemeine staatspolizeiliche Verwaltung betreffen, werde es versucht sie näher hier darzustellen.

Die brittische Verwaltung des Innern hat das Eigenthümliche, daß sie nicht durch besoldete Beamte in mancherlei Abstufung von Ober- und Unterbehörden, nicht durch eigne immerwährende Einwirkung schreibender Regierungsgewalten, welche alles wissen, alles leiten und regeln wollen, den Zwischenbehörden jede Bewegung vorschreiben möchten, gehandhabt wird, sondern daß sie der eignen Einsicht und Thätigkeit der Einwohner

*) Göde II. 7. bemerkt auch und führt weiter aus, daß die Konstituzion nicht das Wesen des politischen Charakters ausmacht, aber indem er dieses in dem Gemeingeist setzt, verwechselt er die Wirkung mit der Ursache.

eine große Masse von Geschäften überträgt, daß sie für alle übrigen nur wirkt durch Abfassung von Gesetzen und allgemeinen Verfahrungsregeln, durch Auswahl der zur Ausführung geeignetsten Männer, welche solche unentgeltlich als Nebensache bei ihrem eigentlichen Berufe verrichten, und daß sie die Kontrolle ihrer Amtsgeschäftigkeit und Pflichtmäßigkeit hauptsächlich dem Publikum überläßt. Es scheint bei solchem Laufe der Dinge soviel dem Zufalle überlassen, gar kein sogenannter Geschäftsgang gedenkbar zu sein, und doch findet sich in demselben große Ordnung und Lebendigkeit; er hat nicht blos den frühern einfachen Zeiten genügt, sondern auch für die verwickelteren Verhältnisse und Interessen der gegenwärtigen, in dem gewerbereichsten Lande der Welt, ausgereicht; er hat sich allen Stufen der Kultur, in den so verschiedenartigen auswärtigen Besitzungen der Britten angepaßt, denen allen dieselbe Form übertragen, auch im neuen nordamerikanischen Staate übernommen ist; er hat im Mutterlande schon viele Jahrhunderte, im Wesentlichen ungeändert, bestanden, und dieses ist dabei immer fortgeschritten zu größerer Macht und größerm Wohlstande — dies muß dafür ein günstiges Vorurtheil begründen.

Welche Angelegenheiten ganz dem Volke übertragen sind, wird besser erhellen, wenn zuvor die öffentlichen Beamten skizzirt worden sind, welche die Mittelspersonen der brittischen Verwaltung zwischen dem Volke und dem Könige abgeben, nämlich:

1. die Lordlieutenants.
2. die Sheriffs und Coroners.
3. die Justices of the Peace.
4. die Constables.

I. Ein Lordlieutenant wird für jede Grafschaft (Shire, County) aus den größesten Grundeigenthümern derselben vom Könige bestellt: er vertritt den alten Grafen (Earl) als militärischer königlicher Statthalter; es ist ihm alles übertragen, was auf die Aushebung und Formirung der Militia — des eigentlichen konskribirten, auf Vertheidigung der Insel beschränkten brittischen Landsoldaten — Bezug hat, er ist oberster Chef des oder der Miliz-Regimenter (County Regiments), vergiebt alle Offizierstellen dabei und fertigt die Patente unter eignem Namen aus; er schafft selbst sich Gehülfen bei gehäuften Geschäften der Konskripzion durch Bestallung von zwanzig auch mehrern Deputy Lieutenants, welche mit gleicher Gewalt ihn vertreten und vergegenwärtigen wo er nicht selbst zugegen sein kann, und deren drei ihn völlig ersetzen, wenn er ganz abwesend sein müßte. Allein er ist lediglich hierauf beschränkt, seine öffentliche Wirksamkeit setzt die Miliz voraus, welche gewöhnlich nur in Kriegszeiten, bald in größerm bald in geringerm Umfange, zusammengerufen wird, während die geworbenen Landtruppen zur Vertheidigung der Kolonien und zu auswärtigen Unternehmungen verwendet werden. Dann aber ist es genug, daß der König mit dem Parlamente beschließt, die Miliz soll in bestimmter Frist errichtet oder unter Waffen sein, und durch eine Akte die von jeder Grafschaft zu stellende Anzahl, und andere Modalitäten festsetzet: um die Ausführung kümmert sich die Regierung durchaus nicht weiter, sie ist zur rechten Zeit vollendet.

II. Die Sheriffs, ursprünglich die Schreiber, Greffiers, der alten Grafen, deren Civilgeschäfte sie besorgten, und der abwesenden Stelle vertraten, Vicecomites, dann wie noch jetzt selbstständige Civilstatthalter des Königs in den Grafschaften, vormals von großer Autorität, so lange sie noch ein peinliches Gericht — Turn — und ein Civilgericht — County Court — beide ambulirend, im Namen des Königs abhielten, nachher darin gesunken, — obwohl sie auch jetzt noch nächst dem Lordlieutenant den Rang vor allen andern Einwohnern der Grafschaft haben, — seitdem, mit Ausdehnung der friedensrichterlichen Gewalt, diese Gerichte ausser Uebung gekommen, auch die administrirende Gewalt der Sheriffs größtentheils in exekutive verwandelt, und die Krondomänen sehr vermindert worden. Jetzt umfaßt der Wirkungskreis derselben:

a. die Präsidirung und Dirigirung der Parlamentswahlen;
b. die Ausführung der Anweisungen (Writs) von den Obergerichtshöfen, Insinuazion ihrer Citazionen, Verhaftbefehle; Vollstreckung ihrer Urtheile, Exekuzionsmandate; Publikazion der vom königlichen Geheimenrath erlassenen Proklamazionen; Bestallung der Jurys für die Assizes und Quarter Sessions;
c. die Beschützung der Kronrechte, und Krongrundstücke, Erhebung davon noch aufkommender Gefälle, sowie des Kronantheils an gerichtlichen Geldstrafen und deren Berechnung an die Schatzkammer;
d. die Oberaufsicht des Zuchthauses (County Goal), und Direkzion der peinlichen Exekuzionen;
e. die Repräsentazion bei feierlichen Gelegenheiten, z. B. bei den Assizes, wozu sie die Richter zu Pferde einholen, und ihnen Schutz und Sicherheit besorgen müssen; bei Ueberreichung von Adressen an den König, u. s. w.

Die Sheriffs werden vom Könige aus den ihm vom Kanzler der Schatzkammer, den andern hohen Kronbeamten und den Oberrichtern (welche jährlich am Martinstage deshalb zusammentreten) für jeden Posten vorgeschlagenen beiden Kandidaten ernannt; einer für jede Grafschaft (Shire): doch erwählen die Städte, welche in der Vorzeit mit Grafschaftsrechten begünstigt worden (which are Counties of themselves), ihre besondern Sheriffs selbst. Sie müssen in der Grafschaft angesessen sein, zur Sicherheit für Versäumnisse (vornehmlich bei entkommenden Gefangenen) und andere Vergehen; das Amt dauert nur ein Jahr, und ist nicht nur mit großer Beschwerde, sondern auch mit einem Aufwande von 4—500 L. Sterling verknüpft, welcher indessen dazu dient, demselben ein Ansehen zu geben, welches eigentlich nicht darin liegt, da der Sheriff nicht nur den

Obergerichtshöfen, sondern auch den Quarter sessions für Ausführung ihrer Aufträge verpflichtet, verantwortlich und straffällig ist, also nicht als der erste Staatsbeamte auf dem Lande betrachtet werden kann, wofür er gewöhnlich gilt. Wer das Amt einmal verwaltete, ist die nächsten drei Jahre davon befreiet; die damit verknüpfte große Beschwerde in der Hauptstadt, hat veranlaßt, hier die Entschlagung für 500 L. Geldstrafe, doch nur für das eine Jahr, zu gestatten; auch in einigen andern Städten: und in dem ärmern Schottland ist man genöthigt, die Sheriffs zu besolden. Ihren Gehülfen, einen Under oder Deputy Sheriff, Schreiber, Bailiffs (Pedellen) erwählen sie sich selbst und vertreten deren Handlungen. Mit der Polizeiverwaltung haben sie gar nichts zu schaffen, denn daß sie als Conservators of the Peace Ruhestörer in ihrer Gegenwart arretiren und sie zur Untersuchung und Bestrafung den Friedensrichtern übergeben müssen, ist, wie das Folgende ergeben wird, eine ganz allgemeine Verpflichtung.

Die Coroners, deren 3—4 in jeder Grafschaft, waren ehedem sehr angesehene öffentliche Beamte für die Justizpflege, in ihnen übertragenen besonderen Gerichten; sie haben ebenfalls dem wachsenden Ansehen der Friedensrichter unterliegen müssen, und sind beschränkt auf Untersuchung aller unnatürlichen Todesfälle; diese müssen ihnen sofort angezeigt, dann eine Jury von zwölf benachbarten Männern konstituirt, dieser der todte Körper vorgezeigt, und nach ihrem Urtheile die Todesart ausgesprochen, die Vorkehrungen zur Sicherung etwaniger Thäter getroffen, und den nächsten Assizes der Vorfall schriftlich angezeiget werden. Auch über alle Todesfälle in Gefängnissen hält der Koroner Gericht, so wie auch über gefundene Schätze, und die Proklamazion von den Gerichten erkannter Outlawry (Aussergesetzlichkeit) der entflohenen Verbrecher, ist seines Amts. Die Koroners sind auf dem Lande, ausser den Parlamentsgliedern, die einzigen öffentlichen Beamten welche noch von den

Grundeigenthümern erwählt werden — ihr Amt ist auf keine bestimmte Dauer beschränkt; sie können für jedes Todtengericht 20 Sh. und 9 P. für jede Meile Entfernung verlangen, welche indessen selten erhoben werden.

III. Die Justices of the Peace, das eigentliche Fundament aller in Großbritannien angetroffenen Vortrefflichkeit, von denen Lord Coke, ein berühmter alter englischer Rechtslehrer, sagt: „die ganze Christenwelt hat nicht des Gleichen, wenn dieses Amt gehörig verwaltet wird." In England, wo schon die Magna Charta (1215) die Freiheit des Grundeigenthums und Verkehrs aussprach, und in den frühesten Zeiten eine ausgedehnte Alienabilität des Landeigenthums statt fand, wo schon Heinrich II. die Lehnsfolge abkaufen ließ, und im J. 1489 dem Adel erlaubt wurde seine Stammgüter zu veräussern, Heinrich VII. viele Domänen parzellirte und den Hintersaßen Schutz verlieh, Heinrich VIII. 645 Klöster aufhob und zersplitterte, bildete sich früher als sonst irgendwo, eine zahlreiche Klasse von unabhängigen Grundeigenthümern (Freeholders) als eigner gewichtvoller Körper, welche den adlichen Patrimonialgerichten (Courts of the Manor) nicht unterworfen, alle eignes Stimmenrecht in den Gerichten hatten, sich selbst richteten mit eignen Richtern. Daher entstanden zuerst die Friedensrichter, deren Wirkungskreis sich immer weiter ausdehnte, allmählich die Courts of the Manor (Courts Leet, Courts Baron) auch der Sheriffs Turn und County Court verdunkelte, und zuletzt ganz antiquirte, daneben sich auch ausser den richterlichen Geschäften auf viele andere Gegenstände ausbreitete, welche gesetzliche Bestimmungen erforderten, deren Ausführung man den Friedensrichtern als den erprobt geschicktesten anvertrauet und die Errichtung neuer Aemter vermieden hat.

Anfänglich waren die Justices bloße Conservators of the Peace (Erhalter des innern Friedens): als solche wurden von den Freeholders aus ihrer Mitte die meistbeerbtesten Einwohner nach Königlicher Aufforderung in jeder Grafschaft erwählt, und mit des Königs Vollmacht versehen, seinen Frieden (the Kings Peace) zu bewahren, in seinem Namen, kraft seiner Gewalt, die ruhigen gesetzlichen Unterthanen im Genuße ihrer Rechte gegen willkührlichen übermächtigen Angriff zu schützen, ihre eigne Kraft anzuwenden, und den Kräften anderer zu gebieten, um zu beruhigen und fest zu machen, wer in ihrer Gegenwart durch Worte oder That den Frieden stören möchte. Dergleichen Conservators waren neben den erwählten und sind noch gegenwärtig: der Großkanzler und die Richter der Kingsbench im ganzen Reiche, alle Gerichtshöfe, Sheriffs, Koroners, Konstabels in ihren Sprengeln: es giebt sogar einige by tenure and prescription, durch königliche dem Grundbesitze anklebende Verleihung oder Verjährung.

Nachdem indessen im Jahre 1327, im ersten Regierungsjahre Eduard des 3ten (1. Ed. III. c. 16.)*) dem Könige die alleinige Auswahl (Assignment) der Conservators übertragen war, wurde auch gleich im folgenden Jahre deren bisher noch auf Bewahrung des Friedens nach dem gemeinen Gewohnheitsrechte (at common law) beschränkte Gewalt, auch auf das geschriebene Recht der Parlamentsakten (Statute law) ausgedehnt; die bisher blos auf Sicherung des Friedens beschränkten Conservators zu hörenden, untersuchenden, erkennenden und bestrafenden Justices erhoben, und im Laufe der Zeit das Statute law deren ganz eigentliches Departement.

Dadurch erhielt ihre Commission, d. i. königliche Vollmacht, Patent, kraft dessen sie ihr Amt ausüben, eine ganz andere Gestalt, und durch die darin immer speziell angeführten Parlamentsakten bald einen ungeheuern Umfang, bis im 30sten Jahre der Königin Elisabeth Sir C. Wrey, damals erster

*) d. h. durch die 16te Parlaments-Akte im 1sten Regierungsjahre des Königs Eduard III. s. Schmalz S. 107.

Richter der Kings bench, nach sorgfältiger Revision und Berathung, dasjenige Formular der Patente abfaßte, welches fast unverändert bis jetzt beibehalten worden ist *), obgleich seitdem ihr Geschäftskreis wiederum ausserordentlich erweitert wurde. — Zu Friedensrichtern sollen nach den ältern Gesetzen die meistbeerbtesten Edelleute (most sufficient Knights and Esquires) und einige der Rechte kundige Männer in jeder Grafschaft; nach neuern Gesetzen (18. G. II. c. 20.), in England und Wales dazu Niemand bestimmt werden, der nicht an reinem Ueberschuß von selbst genutztem und inhabendem freien Eigenthum, lebenslänglichem Besitz oder 21jähriger Pachtung, 100 L. Sterling, oder an vorbehaltener Rente (reserved rents) von auf bestimmte Jahre, oder auf ein bis drei Leben verliehenem, dann wieder anfallendem Eigenthum 300 L. Sterling jährlich genießt **); auch kein Koroner, Sheriff, Advokat der untern Klassen, so lange sie als solche agiren: aber die Erhebung zu höhern adlichen oder geistlichen Würden, oder zum Oberrichter und Serjeant at law (die erste Klasse der Advokaten, zu wel-

---

*) s. die Anlage.

**) Bei allen öffentlichen Aemtern von Bedeutung, welche die Gelegenheit geben, durch Mißbrauch der Gewalt andern zu schaden, ist in Großbritannien der Besitz eines gewissen Vermögens und vorzugsweise in liegenden Gründen, Bedingung: man setzt voraus, daß ein vermögender Mann im Allgemeinen mehr Rechtlichkeit, mehr Bildung besitzen müsse, weniger Versuchungen ausgesetzt sein werde, und hat dadurch die Mittel in Händen, seine Verantwortlichkeit zu realisiren, ohne die aller gesetzliche Anspruch an den nachläßigen oder unredlichen Beamten, allerdings ein Unding ist. Auch unentgeltlich verwaltete Aemter machen, aus noch triftigeren Gründen, keine Ausnahme hievon. Die Regierung braucht somit die Sünden ihrer Beamten nicht zu vertreten, und um sich dessen zu entheben, solche nicht zu beschönigen. Es ist eigentlich nur eine weitere und überaus zweckmäßige Ausdehnung der Kauzionsverpflichtung, auf die keine Kassen verwaltenden, nicht das Kasseninteresse, aber das Publikum befährdenden Beamten.

cher die Krone und aus ihnen die Oberrichter ernennt) unterbricht nicht die Ausübung der friedensrichterlichen Würde *).

Der König hat hiernach in einem Lande, in welchem bereits im Jahre 1806 nicht weniger als Ein Tausend und Ein und zwanzig Personen ihr Einkommen zur Taxe über 10,000 L. Sterling deklarirten, eine sehr freie Auswahl der fähigsten Männer; er ist dabei an keine andere Qualifikazion der wissenschaftlichen Vorbereitung oder eines bestimmten Standes, auch an keine für jede Grafschaft bestimmte Anzahl, gebunden. Gewöhnlich erwählt er dazu aus den angesehensten Grundeigenthümern **) diejenigen, welchen er Einsicht, Thätigkeit, Rechtlichkeit, Lust und Freude an gemeinnütziger Wirksamkeit, in vorzüglichem Grade zutrauet. Da diese selbst so sehr bei der tüchtigen Ausübung des Amts interessirt sind, da sie es mit sehr eifersüchtigen Augen betrachten, wenn dasselbe, welches so viel Ehre, Einfluß und Ansehen giebt, andern übertragen, und die Krone durch ermangelnde Bereitwilligkeit in ihrer Klasse genöthigt wird, auf andere, z. B. Geistliche und Pächter ***), zu greifen: so

*) Sehr häufig sind Friedensrichter zugleich Deputy Lieutenants, Commissioners of Taxes u. s. w. — nur alle die Aemter sind mit ihrer Würde unverträglich, über welche sie eine Kontrolle ausüben, oder welche ihr Ansehen nur scheinbar kompromittiren könnten, z. B. das Amt eines Armenvaters, da sie davon Rechnungen abnehmen, eines gemeinen Advokaten u. s. w. Es gilt da die allgemeine Regel, daß die Annahme eines zweiten mit dem erstern unverträglichen Amts, dieses frühere ipso facto vernichtet, wenn es gleich das bedeutendste ist: denn dieß war Sache freier Wahl — aber Niemand kann einen aus seinem Posten verdrängen, durch Erwählung zu einem andern, gegen seinen Willen.

**) Daß nur selten reiche Leute sich mit diesem Amte befassen, wie v. Archenholz (II. S. 144) behauptet, ist durchaus ungegründet, und kann allenfalls nur von der Hauptstadt gelten, wo das Amt dadurch, daß es dort auch einige besoldete Friedensrichter giebt, unwillkommner ist, weil unabhängige Leute sich dort schämen, mit solchen die für Geld dienen verwechselt zu werden.

***) Indessen trifft man doch auch Pächter unter den Friedensrichtern, bewerben sich die angesehensten Gutsbesitzer gewöhnlich sehr eifrig bei dem Großkanzler, um, nach vorgängiger Prüfung und königlicher Genehmigung, die Hinzufügung ihres Namens in dem alsdann neu auszufertigenden Patente, zu erlangen; denn dieses wird immer gemeinschaftlich, auf alle Friedensrichter der Grafschaft gerichtet und diese namentlich darin bemerkt. Zugleich wird sodann ein älterer Friedensrichter beauftragt, dem neu hinzutretenden den Diensteid (Oath of office) und den Vermögenseid (Oath of qualification) abzunehmen. Der letztere muß das Vermögen speziell angeben; jeder kann die Abschrift aus der Registratur erhalten, und binnen sechs Monaten den Ableistenden deshalb in Anspruch nehmen, der sodann verpflichtet ist, sein Vermögen zu beweisen, und seinem Gegner ante Terminum die Beweisstücke zu ediren, worauf dieser mit Bezahlung der Kosten die Klage zurücknehmen kann; wenn er sie aber verfolgt und verliert, dreifache Kosten; wenn er obsiegt, der Verklagte 100 L. Sterling Strafe bezahlen muß *). Die Peers und deren nächste Erben, die königlichen Geheimen Räthe, Oberrichter, oberste Flottenbefehlshaber und andere angesehene

---

und Pachtung auf Zeit gilt überall nicht für erniedrigend in England; man findet Pächter in allen Abstufungen, der größere Theil der Landbewohner besteht aus solchen, und hier den Beweis, daß ein hoher Grad der Landeskultur, ein sehr allgemein verbreiteter Wohlstand, mit dem Pachtverhältniß gar nicht unverträglich ist, wenn nur die Pachtungen nicht allzusehr zersplittert, durch feste Verträge auf längere Jahre gesichert sind.

*) Beachtungswerth ist diese, auch bei andern Gelegenheiten angewendete Weise, wie die überall auf Einfachheit und Abkürzung sinnende brittische Verwaltung sich der beschwerlichen Untersuchung überhebt, ob jedes Individuum das erforderliche Vermögen besitzt, und diese lediglich dem Publikum überträgt, dessen immer wachsame scharfsichtige Kontrolle Niemand so leicht zu täuschen vermag, der sich mit Regierungsbeamten schon leichter abfinden möchte. Welchen Aufwand von Untersuchungsbehörden und Schreibwerk würde dies in andern Ländern veranlassen! Auch die verordnete Mittheilung der Beweisstücke vor gerichtlicher Erörterung, beugt sehr weise der richterlichen Behelligung mit ungegründeten Klagen vor.

Personen, sind von diesem Eide ausgenommen. Auch müssen die angehenden Friedensrichter, gleich allen andern Civil- oder Militär- und Korporazionsbeamten, innerhalb der nächsten 6 Monate, dem Könige den Eid der Treue als Oberhaupt des Staats (Oath of allegiance) und der Kirche (of supremacy) leisten, dem Prätendenten abschwören (of abjuration), die Deklarazion gegen die Transsubstanziazion unterschreiben, alles dieses vor einem der obern Gerichtshöfe oder den Quarter sessions, nachdem sie denselben zuvor durch priesterliches Zeugniß und eidliche Versicherung von zwei Augenzeugen dargethan, daß sie innerhalb der ersten 3 Monate das Abendmahl empfangen haben *).

Der König kann mit seinem Zutrauen auch das Amt der Friedensrichter, wie jedes andere weltliche Amt, mit Ausnahme allein der Oberrichter, nach Wohlgefallen zurücknehmen, wenn er es für gut findet, entweder ausdrücklich oder stillschweigend durch Ertheilung eines neuen Patents, worin der Mißgefällige ausgelassen wird **); beim Todesfalle des Königs dauert es

*) Diese vielfachen Eidesleistungen sind in der englischen Geschichte und Verfassung gegründet, und werden durch die Scheu hieran etwas zu ändern geheiligt; der Oath of abjuration wird indessen jetzt, wo gar kein Prätendent mehr existirt, wohl abgeschafft werden. Es genügt indessen auch hier die allgemeine Bestimmung; wie derselben genügt, darum kümmert sich die Regierung weiter nicht, aber neben schwerer Strafe von 500 L. für denjenigen, welcher deshalb belangt wird, würden alle Amtshandlungen nach Ablauf der 6monatlichen Frist ungültig sein, und wer sich dem aussetzen wollte, neben seiner Ehre, auch sein Vermögen in Gefahr bringen. Denn er ist unfähig jedes Stimmrechts, jedes Legats, Schenkung, der Uebernahme von Vormundschaft und Testamentsexekuzionen, der Anstellung irgend einer Klage, auf Lebenszeit. Daß die Regierung Religiosität und deren Nachweisung von den Beamten fordert, ist lobenswerth, aber diese an eine Glaubenslehre zu binden, widerspricht den Grundsätzen der Toleranz, die freilich in Großbritannien sehr beengt sind.

**) Vergl. Schmalz S. 125. Auch wegen der Leichtigkeit mit welcher jemand zu einem öffentlichen Amte gelangt, ist es nothwendig, daß noch 6 Monate, wie alle Aemter fort; durch Abwesenheit aus der Grafschaft wird nur die Ausübung unterbrochen.

Die Ausübung des Amts begründet sich immer in dem besondern königlichen Patente (Commission of the Peace), das Amt selbst in der darin bezeichneten königlichen Wahl; es giebt aber auch einige geborene Friedensrichter und von Amtswegen, nämlich:

1. der Erzbischof von York, die Bischöfe von Ely und von Durham, vermöge uralter Belehnung;
2. die Mayors und andere erste Beamte mehrerer korporirten Städte (überhaupt von 2 Cities 7 Towns 8 Liberties) vermöge königlicher Gnadenbriefe (by grant and charter).

Diese erhalten keine erneuerte besondere Patente, die letzteren bilden aber eine eigne Friedenskommission für ihre Stadt; sie leisten keinen Vermögenseid, werden nicht durch des Königs Todesfall oder Wohlgefallen entlassen, er kann jedoch den Gnadenbrief selbst, wegen groben Mißbrauchs, widerrufen.

Auch erhalten in den beiden größesten Grafschaften, York und Linkoln, die Friedensrichter jeder ihrer drei Hauptabtheilungen (Ridings und Divisions), so wie die von der Stewartry of Kirkudbright in Schottland, ein besonderes Patent. Es bestehen daher in Großbritannien überhaupt 94 besondere Frie-

---

der König das unverdiente und in solchem Umfange verliehene Zutrauen ohne alle Umstände wieder zurücknehmen mag; und wie wirksam dieß für treue Wahrnehmung der Amtspflichten sein muß, ist unverkennbar. In allen größern Ländern, wo eine öffentliche Meinung existirt, dürfte es sehr wünschenswerth sein, daß die Monarchen in gleicher Art verführen; nichts fördert mehr die Rechtlichkeit und Thätigkeit der Beamten, welche, wenn sie ihre Posten als Pfründen betrachten dürfen, ein ganz geräumiges Feld zu aktiven und passiven Pflichtwidrigkeiten haben, ehe sie zur Entsetzung im Wege des förmlichen Kriminalprozesses reif werden. Der despotische Staatschef wird auch ohnedem schon Mittel finden, den freimüthigen Staatsdiener sich unbeschwerlich zu machen!

denskommissionen, und in diesen fanden sich im Jahre 1796 in England 2351, in Wales 305, in Schottland 1463, überhaupt 4119 Friedensrichter vereinigt *).

Der Geschäftsbezirk der Friedensrichter beschränkt sich auf die Grafschaft oder Stadt, für welche sie patentirt sind; ist einer für zwei sich begrenzende ernannt, so sind seine Amts-Handlungen in beiden gültig, wenn er in der einen nur wirklich wohnhaft und anwesend ist, und unterworfen sind ihnen alle Einwohner ohne einige Ausnahme, auch Auswärtige, welche in der Grafschaft sich vergangen haben.

Der Geschäftskreis derselben umfaßt gegenwärtig:

1. Die allgemeine Polizeipflege im Umfange der britischen allgemeinen und Lokal-Gesetzgebung und soviel von der Civil- und Kriminalgerichtspflege, als der ersteren kräftige und vollständige Ausübung erfordert, oder als für das allgemeine Beste zuträglicher dem summarischen Verfahren einer überall nahe gegenwärtigen, lokalkundigen, schnell auf dem Fleck wirksamen und nicht sportulirenden Behörde, als dem ordentlichen prozessualischen Rechtsgange übertragen wird. Dahin gehört die Hegung des Königl. Friedens in den mannigfachen Verwickelungen des bürgerlichen Lebens, der erste Angriff, Untersuchung und Sicherung aller Art Verbrecher und Bestrafung der geringern, so wie der persönlichen Beleidigungen und Eigenthumsbeschädigungen, Zehendbeschwerden, Exekuzionsverfügungen bei verweigerter Zahlung von Banknoten und Wechseln über 20 Sh. **) und unter 5 L. Sterl., das Verfahren bei gewaltsamem Eintritt in fremdes Eigen-

*) S. Report to the House of Commons from the Committee of Statutes 1796.

**) Die Ausstellung kleinerer Banknoten von den Provinzialbanken ist in Großbritannien (nicht in Irland) verboten.

thum *); Fälschungen und Betrügereien im Handel und Wandel, im Verkaufe der Lebensbedürfnisse, Maaß und Gewicht, Brodtarenregulirung, Pferderennen, Gesinde- und Gewerkestreit, Bezahlung von Gesinde und Fabrikenlohn, Gesinde- und Fabrikendiebereien; Erörterung der Vaterschaft und Alimentazionspflicht unehelicher Kinder, Bestrafung von Taugenichtsen, Bettlern, Vagabunden; Anordnung der Armenvorsteher, Armenwesen, Unterstützungsgesellschaften; öffentliche Sitten und Ehrbarkeit, Sabbathfeier, Fluchen und Schwören, Trunkenheit, verbotene Spiele, liederliche Häuser; jährliche Konzessionirung der Trödler, Branntwein- und Bierschenken **); Entfernung öffentlicher Aergernisse und Störungen (Nuisances) ***)

*) In diesem einzigen Fall kann ein einzelner Friedensrichter eine Jury vereinigen und nach deren Ausspruch den Besitzesstand wiederherstellen.

**) In England gilt der Grundsatz: Gewerbe die ihrer Natur nach auf Erleichterung von Verbrechen zwecken, müssen kontrollirt werden; die Befugniß der Lizensirung solcher Gewerbe implizirt eine Gewalt der willkührlichen Verhinderung überaus wohlthätig; das verderbliche Uebermaaß derselben wird daneben durch eine Abgabe von 4 L. Sterl. für jede friedensrichterliche Erlaubniß zum Betriebe desselben, sehr nützlich beschränkt.

***) Unter Nuisance verstehet man 1) alle Handlungen welche zur ungebührlichen Beeinträchtigung der Einwohner gereichen, im ausgedehntesten Sinn, z. B. die Anlage einer Lohgärberei, der Betrieb eines jeden übelriechenden, lärmenden Gewerbes, wo diese noch nicht existirten (nicht blos in Hinsicht der Gesundheit, sondern auch weil sie den Genuß des Lebens und Eigenthums weniger comfortable machen); von Schlagbäumen, von Misthaufen in öffentlichen Wegen u. s. w. 2) die Unterlassung von Handlungen welche das allgemeine Wohl erheischt, z. B. des Wegräumens von Unreinigkeiten, welche die Nachbarn belästigen, von Baumaterialien u. s. w. aus den Straßen; des Einreißens ruinöser Gebäude u. d. m. In den größern Städten werden aus den Einwohnern einige als Annoyance jury besonders konstituirt (z. B. in Westminster 48) um dergleichen öffentliche Anstößigkeiten zu beachten und fortzuschaffen; eben diesen ist auch die Aufsicht auf Maaß und Gewicht übertragen.

und überhaupt alle Gegenstände, welche die Gesetzgebung durch Parlamentsakten geregelt hat. Daher sind die Friedensrichter ganz unwirksam in Ansehung der Unterrichtspolizei, mit welcher sich das Parlament allererst 1807 ernstlich beschäftigte, aber nichts vollendete; der Gesundheitspolizei, welche ausser der Sorge für den Verkauf unverdorbener Nahrungsmittel und gegen Einbringung ansteckender Krankheiten, für Gesundheit der Gefängnisse und Baumwollenmühlen und für Aufsicht der Irrenanstalten, gar nicht existirt; der allgemeinen Feuerpolizei, in sofern diese mehr als öffentliche Feuerwerke, Raketenverkauf und Schießpulverfabrikazion betrifft. — Nur beschränkt wirksam sind dieselben in Ansehung vieler Lokalanstalten, als Pflasterung, Erleuchtung, Gasseneinrichtung, Trinkwasseranstalten, und alles was die parochial improvements (öffentliche Verbesserungen und Verschönerungen) umfaßt, weil diese alle nach der Lokalität verschieden, keine allgemeine Bestimmung gestatten, mit besondern Abgaben verknüpft sind: daher solche durch Lokalakten des Parlaments und in diesen zugleich die ausführenden Personen bestimmt, und nur die Kontrolle den Friedensrichtern übertragen wird, welche, aus eigner Macht, keine ihre Mitbürger bindende, strafende Anordnung treffen, nur auf die vorhandenen Gesetze halten sollen.

2. Die Gewerbepolizei.

Den Friedensrichtern ist die Ausführung der Gesetze übertragen, welche die Erzeugung, den Verkauf und Vertrieb landwirthschaftlicher Gegenstände, Gemeinheitstheilung, Entwässerung; Fischerei, Jagd und Holzkultur, sammt allen dabei vorkommenden Exzessen; Fabrikenreglements und Schauanstalten, Bergwerke, Entwendung von Arbeitern und Werkzeugen; Prämien zur Beförderung des Hanf- und Flachsbaues, und der Fischerei; Verbot des Tabacksbaues; öffentliche Wege, Brücken, Kanäle, Flüsse, Frachtfuhrleute, Schiffbruch u. s. w. betreffen. —

3. Die Erhebung der öffentlichen Abgaben, alle dabei eintretenden Kontravenzionen und Defraudazionen, gehören in der Regel ohne Zuziehung einer Jury zur Entscheidung den Friedensrichtern, blos mit Appellazion an die Sessions, von denen kein weiterer Rekurs an die Obergerichtshöfe statt findet, und welche auch häufig Appellazionsbehörde von den zur Vertheilung der Abgaben aus dem Volke eigens bestimmten Kommissarien sind.

4. Die Mitwirkung für militärische Zwecke. Die Friedensrichter vereiden die angeworbenen Soldaten und Matrosen, sichern die Deserteurs, wohnen den Linientruppen-Musterungen *) kontrollirend bei, fertigen Lebenszeugnisse für Pensionärs aus, konkurriren bei der Milizeinrichtung, besorgen die Fortschaffung, Einquartirung und Verpflegung der marschirenden Truppen, bestrafen die Entwendung und Veruntreuung militärischer Gegenstände, Waffen, Fourage u. s. w.

5. Die Verwaltung des Grafschafts-Vermögens, Aufsicht über die gemeinsamen Anstalten, Zuchthaus (County Goal), Besserungshaus (House of Correction) u. s. w., Ausschreibung, Verwendung und Berechnung der für solche und andere gemeinschaftliche Bedürfnisse (als Schadenersetzung für Räuberei; Prämien für eingebrachte Landstreicher, verklagte und überführte Verbrecher u. s. w.) erforderlichen Beiträge (County Rates).

---

*) Die brittischen Musterungen haben so wenig als die französischen, mit kriegerischen Uebungen zu thun, es wird darunter nur die Vergleichung des effectiven Standes mit den Regimentslisten, zur Regulirung der Komptabilität, verstanden; der englische Friedensrichter vertritt hier den französischen Inspecteur aux Revues, der ebenfalls ein Civilbeamter ist.

Aber fremd ist dem brittischen Friedensrichter, alles was das Mein und Dein angehet, alle schiedsrichterliche Gewalt, alle versöhnende Einwirkung in Rechtssachen, alles was kein öffentliches Interesse darstellet, ausser in den bemerkten wenigen Ausnahmen, auf triftige besondere Rücksichten gegründet. Auch gröbere Verbrechen (felony) darf er strafen, gewöhnlich untersucht und sichert er jedoch hierbei blos und überläßt das weitere Verfahren den reisenden Oberrichtern — die Privatsatisfakzion ist, ausser mit Zustimmung beider Theile, nicht seines Amts, und von der öffentlichen immer geschieden.

Es liegt in der Natur der Sache, daß so mannigfache Geschäfte nicht von wenigen Personen bestritten werden können, auch ist man immer darauf bedacht gewesen, mit Ausdehnung des Wirkungskreises, die Anzahl der Friedensrichter zu vermehren, und hat deshalb nie verlegen sein dürfen, weil die intellectuelle Kultur und der allgemeine Wohlstand mit dem Bedürfnisse immer Schritt hielten. Man hat dabei auch immer den Gesichtspunkt festgehalten, daß die Geschäfte für Personen, welche sie unentgeltlich und ohne wesentliche Störung ihres eigentlichen Berufs verrichten sollen, nicht allzu lästig und beschwerlich sein, ihre Unabhängigkeit nicht vernichten, sie nicht fortwährend binden, an einen bestimmten Aufenthaltsort fesseln dürfen. Auch irret man zuweilen in der Auswahl: nicht alle Personen besitzen, wenn es zur Ausführung kommt, die Eigenschaften wirklich welche man ihnen zugetrauet, oder es fehlt ihnen bei dem besten Willen an Gewandtheit ihrer praktischen Anwendung; immer erfordert es einige Jahre Zeit um sich in ein öffentliches Amt einzuüben; nicht allen ist ein stets unwandelbarer Eifer und immer gleiche Muße für öffentliche Geschäfte gegeben; einige haben nur Sinn für gewisse Geschäftszweige, denen sie sich mit Vorliebe und ausgezeichnetem Erfolg widmen, wenige für alle. Für das alles hat sich als unfehlbares Mittel erprobt: die Anordnung einer großen Anzahl von Friedensrichtern, und die Verleihung einer völlig konkurrirenden Jurisdikzion an alle in dem Patente dazu benannten Personen, innerhalb der ganzen Grafschaft *). England zählt 11000, Wales 843, Schottland 896 Kirchspiele: hiernach würden im Durchschnitt 4½, 3 und ⅗ Kirchspiele (Parishes) — mit deren verschiedenen, in Schottland größesten, Ausdehnung, in ziemlich gleichmäßigem Verhältniß — oder im Durchschnitt der Bevölkerung von 8,331,434 — 541,546 — 1,599,068 : 3545 — 1778 — 1093 Menschen auf einen Friedensrichter treffen **). Jeder Einwohner hat daher völlige Freiheit, seine Sache bei demjenigen unter ihnen anzubringen, auf welchen er im Allgemeinen oder in dem besondern Geschäfte am meisten vertrauet; er ist nicht an den zunächst wohnenden gebunden, und wählt immer den, der ihm der geschickteste und thätigste dünkt, da sich die Autorität aller über die ganze Grafschaft erstreckt (pervades the whole County). Was auch immer dagegen a priori zu erinnern scheint: die Erfahrung beweiset, daß die Geschäfte hierbei vortrefflich bestehen; es hat sich noch immer unter der Menge eine hinreichende Anzahl thätiger Männer (resident acting Magistrates) gefunden, denen es damit ein Ernst ist, und das eigne Interesse der großen Landeigenthümer, wie die dem

*) Gewiß sehr glücklich gewählte Mittel, daß einer den etwa gedenklichen Mißbräuchen des andern vorbaue, aber nur anwendbar wo die Friedensrichter ganz in gleicher Art konstituirt werden; alle Mängel in der Anstellung öffentlicher Beamten finden hierin, und in der wenig umständlichen Entfernung von schlechten Subjekten, ihre vollständigste Erledigung: aber eine weder mit Gehalt noch Sporteln bezahlte Dienstleistung, ist die nothwendige Bedingung so vieler Beamten. Auf diese Weise läßt sich jedem Zuwachs der Geschäfte, durch Vermehrung der Arbeiter und Vertheilung der Arbeit, sogleich begegnen, und die freie Konkurrenz gewährt hier den gleichen Erfolg als im kaufmännischen Verkehr, sicherer als alle gesetzliche Aengstlichkeit.

**) Dieß bezieht sich auf die Volkszählung von 1800, deren Irrigkeit, oder einen beispiellosen Anwachs der Bevölkerung, die von 1810 ergeben hat.

Rufe eines thätigen Friedensrichters anklebende große Ehre, Ansehen und Einfluß, werden daran schwerlich je einen Mangel verspüren lassen. Die Friedensrichter der Grafschaft konkurriren auch mit denen in ihrem Umfange belegener Städte, welchen als Mayors besondere Friedenspatente verliehen sind (nicht umgekehrt) alsdann, wenn der dieses letztere in sich fassende königliche Gnadenbrief keine ausschließende Klausul enthält *). Die Verwaltung dieses Amts durch eigenthümliche städtische Magistratspersonen, gilt indessen so wenig für einen Vorzug, daß sehr ansehnliche, gewerbe- und konfliktreiche, erst in neuern Zeiten entstandene Städte, als Birmingham, Manchester, Sheffield, Wolverhampton, Wakefield, Halifax u. m. ganz ohne eigne Magisträte, blos durch die Friedensrichter der Grafschaft regieret werden. Oft verabreden sie indessen unter sich eine Theilung in gewisse Bezirke (Divisions) oder Geschäftszweige, deren jedem Einige sich vorzüglich widmen wollen, und zu diesen rekurrirt das Publikum dann auch gewöhnlich, doch ohne hieran gebunden zu sein, denn die Friedensrichter sind verpflichtet jeden der ihnen etwas anbringen will zu hören, und zu seinem Rechte zu verhelfen, so weit es ihres Amtes ist.

Die Statuten bestimmen aber genau: ob einer hinreicht eine Sache abzumachen, ob zwei oder mehrere oder alle Friedensrichter in den Quartalzusammenkünften (Sessions) sich dazu vereinigen sollen. Die neuern Gesetze erfordern meistentheils nur einen Friedensrichter, die ältern aber bestehen mehr auf

---

*) So ist es z. B. mit Southwark der Fall, dem großen Theile von London am rechten Themseufer in Surrey, wo der Lord Mayor und die Aldermen von London konkurrent mit den Friedensrichtern von Surrey agiren; man sollte denken, da wenigstens wären häufige Konflikte unvermeidlich: und doch hört man davon nie, und wahrscheinlich deshalb nicht, weil auf keiner Seite ein Geldinteresse im Spiele ist, überall nichts von Jurisdikzionszwisten der brittischen Beamten, welche doch die Zeitungen, diese Repertorien aller gerichtlichen Verhandlungen, gewiß nicht unberührt lassen würden.

zweien, und daß einer von diesen vom Quorum sei, oder aus der Anzahl derer, welche, in den ältern Patenten, namentlich aus den übrigen erlesen und bestimmt wurden: „quorum A. G. P. etc. unum esse volumus:" bei von mehrern abzumachenden Sachen. Dazu wurden dann damals diejenigen ausersehen, denen man einige Rechtskenntnisse zutrauete. Aber bei jetzt allgemeiner verbreiteten Bildung und Kenntnissen, hat diese Distinkzion nicht weiter nöthig geschienen; das alte Patentformular wird zwar beibehalten, aber das Quorum umfaßt nun alle Friedensrichter ohne Unterschied. Alle haben durchaus gleiche Gewalt, auch wenn ein Friedensrichter selbst sich verginge, ein anderer über diesen; nur eine Präszendenz findet statt, daß wenn einer bereits eine Sache abgemacht, ein anderer solche nicht wieder aufnehmen darf; im Laufe der Sache ist man an denselben Friedensrichter nicht gebunden, obwohl man eignen Vortheils halber dieses gewöhnlich selbst vorziehet.

Der Friedensrichter ist in seinen Handlungen an die Gesetze gebunden, doch in ihrer Anwendung sehr viel seiner Unterscheidung, seinem richterlichen Ermessen (discretionary power), der durch Vernunft, Gesetze und Rechtsgefühl geleiteten Beurtheilung und Sonderung des Wahren vom Falschen, des Rechts vom Unrecht, der Nebenseiten von der Hauptsache, entfernt von allen persönlichen Rücksichten, überlassen. Wenn sie auch ihre Gewalt zuweilen überschreiten möchten, so wird das so genau nicht genommen, indem Männer, die aus bloßem Patriotismus sich den beschwerlichen Pflichten dieses Amts, ohne persönlichen Vortheil, unterziehen, immer billige Nachsicht verdienen und finden, wenn ihre Absicht nur gut war *). Auch bestimmen die

*) Und so ist es gewiß am besten: die Aengstlichkeit eines ausführenden Beamten, der bei jedem Schritt erst konsideriren, ponderiren und distinguiren muß, ob er nicht irgendwo anstößt, verletzt, überschreitet, oder wohl gar sich nicht regen oder bewegen darf, ohne von vorgesetzten Behörden die schriftliche Autorisazion herbeiberich-

Gesetze für die meisten Verbrechen ein minimum und maximum der Strafe: die Zutheilung des Maaßes derselben ist dann dem Richter überlassen, nur wo das Gesetz eine besondre Strafart, z. B. Schandpfahl, Auspeitschen, bestimmt, darf diese nicht in der Anwendung verändert werden, und ganz straflos darf kein Verbrechen bleiben, welches zu seiner Kenntniß gelangt ist.

Der Friedensrichter verfährt nach eigner Ansicht oder Kenntniß (upon own View and Knowledge) oder auf bei ihm geschehene Anzeige und Beschwerde, indem er diese erörtert, den Umständen nach beschwören läßt, und dann denjenigen, welchen sie angehet, durch eine Vorladung (Summons) vor sich bringt, oder durch einen Verhaftsbefehl (Warrant to appear) vor sich führen läßt, im Fall auf dem Verbrechen körperliche Strafe haftet (where the body is liable), wenn solches nach den Gesetzen keine Freilassung gegen Kauzion gestattet (not bailable) und die Anklage beschworen, Sicherheit für die Beweisführung gestellet, oder ein gegründeter vernünftiger Verdacht dargethan worden ist. Der Vorgeladene oder Vorgebrachte wird dann examinirt, und entweder freigesprochen (discharged), welches aber nicht geschehen kann wenn er eidlich einer felony beschuldigt worden ist, oder sofort in die verordnete Geld- auch sonstige Strafe genommen, oder Bürgschaft von ihm gefordert für sein ruhiges Betragen und Haltung des Friedens (Surety for the peace), oder Bürgschaft in der nächsten Quartalversammlung sich zur nähern Untersuchung zu gestellen (Bail), wenn der

---

tet zu haben, dieses unschlüssige Zögern, wo augenblicklich gehandelt werden muß, oder alles versäumt ist, wird dem allgemeinen Wohl sehr viel nachtheiliger, als je einmal eine unbedeutende Gewaltüberschreitung; würde auch zuweilen ein Individualinteresse verletzt, es gehet doch nicht gleich an's Leben, und Remedur dafür bleibt immer möglich. Die zu große oder unbestimmte Gewaltbeschränkung der Polizeibeamten, hat daneben das große Uebel, daß sie denselben für jede Trägheit, Nachläßigkeit und für manche sonstige Pflichtwidrigkeit, Entschuldigung darreicht.

Friedensrichter dieß vorzieht, oder das Gesetz ihn verbindet dieser die Entscheidung zu überlassen; im Fall aber die Geldstrafe nicht bezahlt, die Bürgschaft nicht gestellet werden kann, so wird der Angeklagte, bis das eine oder andere geschehen, in's Gefängniß gesendet (committed).

Der Verhaftsbefehl muß die Veranlassung bestimmt angeben, damit der Angeklagte gleich für seine Vertheidigungsmittel und Bürgen sorgen, und solche mitbringen kann; er wird an den Sheriff und dessen Unterdiener, die Konstabels und andere öffentliche Personen, gemeinsam oder an einen besonders, auch an jeden andern Einwohner gerichtet, und muß geheim und vorsichtig, unverzüglich vollzogen werden; hält sich der Angeklagte in einer andern Grafschaft auf, so wird solcher blos von einem dasigen Friedensrichter durch Beifügung seines Namens indossirt *) (nachdem diesem die Handschrift des Ausstellers eidlich bekräftigt worden), und wenn der Verklagte ergriffen, vor denselben oder einen andern dasigen Friedensrichter geführt, von diesem examinirt, und wenn das Verbrechen bailable, auch Sicherheit für Gestellung bei der nächsten Quartalversammlung in foro delicti commissi geleistet ist, der Bürgschein; im entgegengesetzten Falle aber der Angeklagte persönlich demjenigen überliefert, welcher den Warrant überbrachte.

Derjenige, welchem die Exekuzion des Warrants eines Friedensrichters übertragen, ist befugt solchen auch an Sonntagen zu vollziehen, und dazu das Wohnhaus des zu Arrestirenden aufzubrechen, wenn ihm der unter Eröffnung seines Zwecks ge-

---

*) Eben dieses Indossement findet auch statt bei vielen andern Fällen, z. B. Exekuzionsmandaten, für welche sich in der einen Grafschaft keine hinreichende Objekte finden, um solche in einer andern zu realisiren: es ist gewiß eine sehr glückliche Anwendung der kaufmännischen Geschäftsabkürzung auf andre bürgerliche Geschäfte, welche auch dann noch nützlich bleiben würde, wenn sie mit allen Kosten des Requisizionsschreibwerks der deutschen Gerichte belastet werden sollte.

forderte ruhige Eintritt versperrt worden ist. Des Mannes eignes Haus ist seine Festung, er soll sicher darin ruhen mit seiner Familie, und der Sheriff darf wegen Civilsachen nicht hereintreten, wenn er die Thüren nicht offen findet; aber es hört auf sein Heiligthum zu sein, wenn die öffentliche Gerechtigkeit wegen Verleßung des Friedens oder gegründeten Verdachts derselben, ihn verfolgt; der Friedensrichter kann auch zur Nachsuchung gestohlener Güter in verdächtigen Häusern ermächtigen.

Bürgschaft für den Frieden muß der Friedensrichter jedem bewirken, der, wegen gegen seine Person oder Haus ausgestoßener Drohungen, es beschwöret, wirklich in Furcht sich zu befinden, wäre er auch ein Fremder, exkommunizirt oder des Hochverraths angeklagt, wenn gleich keine vernünftige Veranlassung dem Richter vorhanden scheint; aber die Art und Dauer ist seinem Ermessen überlassen, und, auf unbestimmte Zeit gestellt, wird sie entledigt durch den Tod des Königs oder des Impetranten; sie verfällt dem Könige, wenn sie durch irgend ein neues Vergehen gebrochen wird; nur gegen Peers muß solche in der Chancery oder Kingsbench*) gesucht werden.

Der Friedensrichter kann auch von Leuten die in schlechtem Rufe stehen, oder gegen welche ein gegründeter Argwohn bei ihm angeregt wird, sie könnten durch Beispiel oder Handlung dem Publikum Gefahr bringen, Sicherheit für gutes Betragen erfordern (Surety for good behaviour): darüber ist aber immer gestritten, wie weit hierin seine Gewalt gehet, und wie der schlechte Ruf zu erkennen sei. — Vordem war es dazu hinreichend, ein Bordell besucht zu haben, für Vater eines un-

*) Ueber das Verhältniß der Obergerichtshöfe in Westminster und ihren eigenthümlichen Geschäftsbetrieb, wornach sie sich zweimal jedes Jahr auflösen und ihre wenigen (12) Mitglieder, in sechs besondre Deputazionen getheilt, zweimal in jeder Grafschaft, für alle Civil- und wichtigere Kriminalsachen Gericht (the Assizes) abhalten, s. Schmalz S. 144. 152.

ehelichen Kindes erklärt zu werden, und man erklärte jeden suspect der bei Tage schläft und bei Nacht wacht — jetzt ist man nachsichtiger in Beurtheilung der Privatsünden geworden. Von der einen wie von der andern Bürgschaft, so wie aus dem in ihrer Ermangelung substituirten Gefängniß, können auch die Quartalversammlungen erlösen, nach vorgängiger Proklamazion: ob jemand dadurch gefährdet zu sein glaube.

Alle dergleichen Sicherheiten müssen durch Bürgen für eine bestimmte Geldsumme gestellet werden, und der Richter haftet für ihre Suffizienz. Die wichtigste und am häufigsten täglich vorkommende, findet beim Bail statt, der Entledigung aus dem Gewahrsam, gegen Verpflichtung (recognizance) eines oder mehrerer Bürgen mit einer bestimmten Geldsumme, für Wiedergestellung am bestimmten Tage und Orte. Der Friedensrichter muß solchen immer gestatten, wo es die Gesetze bei dem Vergehen nicht verbieten, oder es ihm nicht aus besondern Rücksichten unzulässig, oder die gestellte Sicherheit unzureichend scheint. In diesem Falle sendet er den Felon (Verbrecher) ins Gefängniß mit einem Aufnahme-Befehl (Mittimus, Warrant of commitment) an den Goaler (Gefängnißvorsteher), welcher Ort, Zeit, Namen, Veranlassung, die Anweisung zur Verwahrung bis zur rechtlichen Entledigung, enthält. Unbefugter Verweigerung des Bails ist durch die Habeas corpus Akte (31. Ch. II. c. 2.) vorgebeugt, welche denen, die nicht wegen Felony verhaftet und von den beiden nächsten Sessions auf ihr Ansuchen nicht entweder gerichtet oder zum Bail gestattet sind, die Befugniß giebt, unter Beibringung einer Abschrift des Mittimus (vom Goaler sechs Stunden nach Erforderung bei 100 L. Strafe zu ertheilen) sich an den Großkanzler, oder an einen der Ober-Justizhöfe zu wenden. Diese befehlen darauf mittelst Writ of habeas corpus (worauf sogleich auch die Transportkosten pro Meile indossirt werden, welche vor der Abreise zu berichtigen sind) dem Goaler, den Gefangenen, in der durch das Gesetz nach der Entfernung regulirten Frist, vor sie zu führen, um ihn entweder dann zum Bail zuzulassen, oder, wenn es sich findet daß er vom kompetenten Richter aus legalen Gründen kommittirt wurde, wieder ins Gefängniß zurückzusenden. Der Writ kann jedoch statt dessen auch die Anweisung enthalten, den Gefangenen vor ein Kriegesgericht, eine Bankerutkommission u. s. w. zu führen, zur Beschleunigung seines Prozesses. — Wer die Bürgschaft übernommen, kann, wenn er die Flucht des Verbürgten besorgt, solche zurückfordern, und selbst am Sonntage verlangen, daß der Richter diesen dann wieder kommittire, obwohl sonst am Sonntage niemand wegen Schulden verhaftet werden kann *).

Liederliche, unordentliche (idle and disorderly) Personen, von denen die Gesetze fünf Arten annehmen, sollen die Friedensrichter in das Besserungshaus, nicht für länger als einen Monat, senden; Betrüger und Landstreicher (Rogues and Vagabonds), deren es 21 verschiedene Sorten giebt, und unverbesserliches Gesindel (incorrigible Rogues), wovon fünferlei charakterisirt werden, sollen sie öffentlich auspeitschen, oder bis zu den nächsten Sessions zu harter Arbeit im Besserungshause anhalten lassen; von den Sessions wird alsdann die Sitzzeit der letztern bis zu 6 Monaten, mit untermischtem Auspeitschen, verlängert, oder verordnet, daß sie an den auswärtigen Land- oder Seedienst abgegeben (gewöhnlich werden sie bei den West-india Regiments angestellet), oder transportirt werden sollen. Alle diese Personen werden durch Strafbefehle (Commitment in Execution) in das Besserungshaus abgeliefert. Auch sollen

*) Die Leichtigkeit mit welcher in England jeder der nur eben ein rechtlicher Mann zu sein scheint, selbst unbekannte Fremde, bei der nazionellen Gutmüthigkeit und Zutraulichkeit, Bürgen finden kann, ohne alle Bezahlung blos auf das Zutrauen zu einem guten rechtlichen Gesichte, macht es nöthig, den Bürgen welche Gefahr laufen hintergangen zu werden, auch den größten Schutz angedeihen zu lassen.

die Friedensrichter wenigstens viermal im Jahre eine allgemeine Vagabondenjagd veranstalten, und dazu so viel Einwohner als nöthig aufbieten.

Die friedensrichterliche Gewalt Vergehungen und Verbrechen auf summarischem Wege zu untersuchen und zu bestrafen, ohne Ausspruch einer Jury, enthält in vielen Fällen einen stillschweigenden Widerruf des berühmten Vorrechts, nur durch seines Gleichen gerichtet zu werden, welches, seit undenklichen Zeiten des Landes Sitte, durch die Magna Charta feierlichst bestätigt wurde. Dieses den Britten so theure Geburtsrecht, das Bollwerk ihrer Freiheit u. s. w. kann nur geschmälert werden durch eine Autorität der gleich welche es begründete, durch spezielle Parlamentsakten, und in den Fällen, worin diese dem Friedensrichter solche Gewalt verliehen, muß er sie pünktlich beobachten, nie vergessen daß Richter und Schöffen in seiner Person sich vereinigen, daß seinem Gewissen sowohl die Beurtheilung des Faktums, als die Anwendung des Gesetzes überlassen ist, sonst wird das gemeine Recht sich an ihm rächen, und sein ganzes Verfahren vernichten. Daher muß eigne Kenntniß, Anzeige oder Klage immer vorhanden sein; der Verklagte muß vorgeladen und benachrichtigt, ihm die Mittel sich zu vertheidigen gegeben; der Beweis muß in derselben Art geführt werden, welche das gemeine Recht verlangt, wenn das Statut nicht anders bestimmt; die Ueberführung, das Urtheil und dessen Vollziehung müssen gleichmäßig erfolgen, wie im ordentlichen Rechtsgange, nur geleitet und bestimmt nach den speziellen Statuten; es muß endlich das ganze Verfahren in einem Protokoll (Record) bekundet werden, womit er sich dem Obergerichtshofe erforderlichen Falles ausweisen kann, und welches auch bei der Friedensregistratur deponirt werden soll, wenn von seinem Ausspruche an die Sessions appellirt würde. Die äusserste Sorgfalt womit diese Records verfaßt werden müssen, weil das geringste Versehen die Nichtigkeit des Verfahrens zur

Folge hat, macht große Vorsicht hierbei nothwendig; die Gesetzgebung kommt indessen dadurch zu Hülfe, daß jeder Akte gedruckte Modelle zu den darin vorgeschriebenen schriftlichen Verhandlungen beigefügt, hiernach wieder andere Formulare mit offenen Räumen abgedruckt werden, woraus sich denn der Record leicht zusammenfügen läßt *). Auch ist es nicht nöthig solchen sogleich ausführlich über jede vorgekommene Sache zu verfassen, sondern erst dann aus den genommenen Notizen, wenn er wirklich gebraucht wird; auch blos über die richterlichen Geschäfte, die übrigen sind selten an eine bestimmte Form gebunden, und haben das Gute, daß dabei fast gar nicht geschrieben wird.

Die Friedensrichter sind befugt, in allen Fällen deren Erörterung und Bestrafung ihnen übertragen ist, Eide abzunehmen, zur Begründung und zum Beweise von Anklagen auch Zeugen vorzuladen, oder jede andere beliebige Person die sie von einer Sache unterrichtet glauben, und deren eidliches Zeugniß (bei den Quäkern deren feierliche Betheuerung) zu erfordern, oder sie zur Sicherheitsleistung zu verpflichten, ihr Zeugniß bei den Sessions abzugeben, wenn die Sache diesen vorbehalten wurde. Sie können auch Personen, deren Gesinnungen gegen die Regierung verdächtig scheinen, anhalten, die Eide of allegiance, supremacy and abjuration ihnen abzulegen. Bei

*) Dieses Abdrucken von Formularen (auch bei den Preußischen Gerichtshöfen häufig eingeführt) gewährt große Erleichterung, Beschleunigung und Sicherheit der Geschäftsführung: wie viele Expedienten, Kopisten, Revisoren werden dadurch überflüssig; wem dergleichen zur Unterschrift vorgelegt wird, braucht nur die eingeschriebenen Worte nachzusehen, und wer es empfängt, auch diese nur zu lesen; nichts Wesentliches wird dabei in der Eile der Ausfertigung vergessen oder verschrieben; es giebt selbst eine Erinnerung an denjenigen der sich des gedruckten Formulars bedient, nochmals zu prüfen, ob der vorkommende Fall sich dahin eignet und allen Erfordernissen, die gedruckt da stehen und sich nicht wegwischen lassen, genüget.

dem gewöhnlichen Eide findet ein sehr kurzes Verfahren statt; er wird durch bloßes Küssen oder Berühren des neuen Testaments, oder eines Gebetbuchs worin sich die Evangelien und Episteln befinden, abgeleistet; es trifft aber den falschen Eid eine schwere nachsichtslose Strafe *). — In den meisten Fällen ist ein Zeuge zur Beweisführung hinreichend, nur Hochverrath fordert zwei (so wie die geistlichen und Billigkeitsgerichtshöfe, welche nicht durch Jury verfahren), schriftliche gerichtliche Zeugnisse gelten nur von todten Zeugen, um dem Verklagten nicht den Vortheil zu rauben, die Glaubhaftigkeit der Zeugen durch Gegenfragen zu prüfen (croſs examining).

In eigenen Angelegenheiten dürfen die Friedensrichter nicht verfügen, wohl aber in Armen- und Kirchspielsachen, welche sie als Einwohner mit angehen, nur wenn davon an die Sessions appellirt worden, sind sie von weiterer Theilnahme ausgeschlossen.

Wenn die Gesetze bestimmen, daß zwei oder mehrere Friedensrichter sich zusammenthun sollen zu einem richterlichen Geschäfte, so müssen diese auch wirklich sich persönlich dazu vereinigen, und solches in gemeinschaftliche Ueberlegung nehmen; bei ihrer blos verwaltenden Wirksamkeit wird solches nicht gefordert. Für diejenigen Gegenstände der letztern, welche an eine gewisse Zeit und Folge gebunden sind, vereinigen sich indessen gewöhnlich mehrere, und machen bekannt, daß sie an bestimm-

*) Diese rechtfertigt indessen doch wohl nicht die allzugroße Leichtigkeit und Ceremonielosigkeit der Eidesableistung, und hierin ist die Abkürzung des Geschäftsbetriebes gewiß nachtheilig, weil der Mißbrauch ganz unvermeidlich scheint. — Wenn das Verbrechen des Meineids auf den brittischen Prozeßlisten nicht häufiger vorkommt als in andern Ländern, so muß man dieses vornehmlich auf die Rechnung der größern und allgemeinen Religiosität schreiben, welche dieses Land vor andern auszeichnet. Auch ist es eine sehr schädliche Eigenheit der brittischen Gesetze, daß jeder ohne Unterschied, Kinder, bekannt ehrlose Menschen, zum Zeugeneide zugelassen werden.

ten Tagen und Orten eine special oder petty Session für solche, als z. B. Wegesachen, Verleihung der Erlaubnisse zu Schankhäusern, Armensachen, Erwählung der Armenvorstände u. s. w. abhalten wollen. Diesen mögen sich dann die andern Kollegen zugesellen, aber sie dürfen nachher nicht besonders eben deshalb zusammenkommen und verfügen, und auch diese Sachen gehen ihren guten regelmäßigen Gang, ohne einige Kontrolle der Regierung *). Auch pflegen wohl die resident acting Justices eines Bezirks unter sich zu verabreden und bekannt zu machen, daß an gewissen Tagen und Orten immer einige von ihnen gegenwärtig sein wollen, die gewöhnlich vorkommenden Sachen abzumachen, und die Einwohner sich darnach zu richten, weil es ihnen selbst bequem ist. So machten z. B. im Jahre 1800 fünf Friedensrichter in Manchester bekannt, daß jeden Mittwoch zwei, jeden Sonnabend einer von ihnen Morgens 10 Uhr im Grafschaftshause (County court) **) bereit sein würden, die Geschäfte in folgender Ordnung vorzunehmen:

a. Am Mittwoch zwei Friedensrichter:

1. Armenbeschwerden.
2. Filiazion unehelicher Kinder.
3. Translozirung von Armen nach den zu ihrem Unterhalt verpflichteten Gemeinden (Settlements).

*) Diese wird gewissermaßen dadurch ergänzt, daß die meisten von solchen Geschäften an bestimmte Tage und Fristen, z. B. den ersten Montag nach dem 5ten April u. s. w. gebunden sind, wo sie nothwendig vorgenommen werden müssen: möchte diesen nun auch, was doch selten geschehen wird, der Beamte vergessen, so würde ihn schon das Publikum, diejenigen Individuen welche dabei interessirt sind daß die Sachen vorgenommen werden, daran erinnern: ein sehr zweckmäßiges Mittel, die Ordnung und Regelmäßigkeit der Geschäftsführung zu versichern und das leidige Aufschieben ganz zu vereiteln.

**) So wird der Versammlungsort der Sessions gewöhnlich genannt, und das Gefängniß der Grafschaft pflegt damit verbunden zu sein — der Name rührt noch von dem ehedem darin abgehaltenen County Court der Sheriffs.

4. Vorladungen zum nächsten Gerichtstage.
5. Examinirung der durch Verhaftsbefehle herangebrachten Personen.
6. Examinirung blos vorgeladener Personen.
7. Beschwerden über Tage-, Wochen-, Gesinde-Lohnzahlungen.
8. Beschwerden von Lehrlingen gegen Meister, und umgekehrt.
9. Anklagen wegen Veruntreuung von Arbeitsmaterialien (Embezzling).
10. Wegesachen, für welche jeder Mittwoch eine special Session ausmacht.
11. Akzisestreitigkeiten, Kontravenzionen.

b. Am Sonnabend ein Friedensrichter:
1. Armenbeschwerden.
2. Examinirung in Verwahr befindlicher Personen.
3. Vorladungen zum nächsten Gerichtstage.
4. Anzeigen gegen Verbrecher.
5. Anklagen wegen Assaults (gewaltsame Handanlegung, s. unten).

Dieß giebt zugleich einen Ueberblick der geläufigsten Geschäfte, und bezeichnet die Schnelligkeit der Verhandlungen so vieler Gegenstände durch so wenige Beamten, in wenigen Stunden wöchentlich, in einer der bedeutendsten gewerbereichsten Städte.

Die gesammten Friedensrichter der Grafschaft sind aber auch verpflichtet, sich viermal im Jahre (in Middlesex achtmal) an bestimmten Tagen, zu einer allgemeinen Vierteljahrsversammlung (General Quarter Session, vulgo die Sessions) zu vereinigen, gewöhnlich abwechselnd in den beiden Hauptorten, wo auch das Gefängniß und das Friedensarchiv sich befinden. Die Zeit der Eröffnung wird 14 Tage vorher von zwei Friedensrichtern dem Sheriff angezeigt, und dieser angewiesen eine Grand Jury dabei zu gestellen; alle Koroners, Konstabel, Gefangenwärter, und andere Unterbeamte dahin zu beordern, selbst zu erscheinen, und die Abhaltung der Sessions überall bekannt zu machen. Allen Einwohnern ist es unbenommen dabei zur Beförderung der öffentlichen Gerechtigkeit mitzuwirken, sie werden gleichsam dazu eingeladen durch freien Zutritt und Sicherheit gegen Civilarrest eundo, morando et redeundo, selbst wenn sie nicht gerade den kürzesten Weg zurückgehen, oder etwas mehr Zeit als eben nöthig dazu verwenden sollten. Alle Verhandlungen erfolgen bei offenen Thüren.

Die Geschäfte der Sessions bestehen:

a. in weiterer Förderung der von den einzelnen Friedensrichtern eingeleiteten und vorbereiteten Untersuchungen, über im Gefängniß verwahrte, oder durch Bail zur Wiedergestellung, oder durch Sicherheit zur Verfolgung und Beweisführung einer Anklage, Ablegung eines Zeugnisses u. s. w. vor dieselben gebundene Personen;

b. in Entscheidung der gegen das Verfahren der einzelnen Friedensrichter, oder der Commissioners für Gemeinheitstheilungen, Kanalbauten u. s. w. eingelegten Appellazionen;

c. in Besorgung allgemeiner und die ganze Grafschaft angehender Verwaltungsgegenstände.

Nach älterer Bestimmung, aus einer Zeit wo die Friedensrichter noch nicht zahlreich waren und zu sein brauchten, ist die Gegenwart von zweien hinreichend, die Session zu konstituiren; jetzt werden sie gewöhnlich sehr zahlreich abgehalten, und nicht leicht wird einer fehlen der in der Grafschaft anwesend ist. Wenn sie beisammen, erfolgt eine dreimalige Proklamazion daß die Sessions eröffnet, es wird ein Friedensrichter für die Dauer der jedesmaligen Sessions zum Präsidenten (Chairman) erwählt, die Friedensrichterliche Vollmacht, und verschiedene bestimmte Parlamentsakten (bei allen oder nur bei einer bestimmten Session jährlich) werden verlesen; die Grand Jury (worüber

Schmalz S. 173) wird eingeschworen *), dieser werden die vor sie gehörenden Eingaben (Bills) überwiesen, die Zeugen welche darüber Beweis geben sollen vereidet, und während dieselbe mit letztern abgetreten ist, andere Gegenstände vorgenommen; Personen, welche Diensteide ablegen müssen, werden solche abgenommen (während dieser Handlung müssen alle andere Geschäfte ruhen), die Liste aller zu Geschworenen (Jurymen) tauglichen Personen wird revidirt; Appellazionen gehört, und nachdem alle formelle Mängel des Urtheils oder der Order, worüber solche erhoben, rektifizirt worden, in der Sache selbst entschieden; über Trespasses, Misdemeanors und Assaults **) auf welche bei den letzten Sessions die Verklagten sich unschuldig erklärt und Sicherheit gegeben den Gegenbeweis bei diesen Sessions zu führen (to traverse the indictment), mit einer Special Jury verfahren, und wenn diese das schuldig ausgesprochen hat, eine Geld- oder andere Strafe bestimmt, gewöhnlich aber dem Verklagten angerathen mit seinem Gegner zu sprechen, das heißt, sich abzufinden; und wenn letzterer dem

*) In England muß der Ueberzeugung des Richters noch das Urtheil der Grand Jury hinzutreten, ehe Jemand als Verbrecher (Felon) vorgeführt werden kann; findet diese das „schuldig," so erfolgt erst durch die reisenden Richter in den Assizes der Ausspruch nach dem Urtheil der petty (gewöhnlichen) Jury.

**) Es ist schwierig diese englischen technischen Ausdrücke durch deutsche zu geben: sie begreifen alle kleinere Vergehen und Verletzungen, alles was sich nicht zu einem gröbern Verbrechen (Felony) oder zum Hochverrath (Treason) qualifizirt: Trespasses (Ueberschreitung) sind alle Eigenthumsverletzungen, z. B. wer ohne Erlaubniß des andern Verkoppelung überschreitet, Viehschäden u. s. w.; Assaults (Angriff), und dazu gerechnet Batteries, begreifen alle körperliche Beschädigungen, Anfälle, Drohungen, Real- und symbolische Injurien (Verbalinjurien kennen die brittischen Gesetze nicht — no words whatsoever can amount to an assault — ausser gegen den Beamten in Ausübung); Misdemeanors endlich sind alle und jede Arten von Vergehen und Beleidigungen, welchen die Gesetze keinen besondern Namen gegeben und welche sie nicht für felony erklärt haben. —

Gericht erklärt, daß er befriedigt, der erstere nur in eine kleine Geldstrafe von 3 Sh., 12 P. oder gar nur 4 P. genommen (woran indessen auch immer die Bezahlung der oft bedeutenden Kosten hängt). Wenn dann die Grand Jury ihr Geschäft geendigt, so werden diejenigen Personen, gegen welche keine Anklage gefunden, sofort ihres Gefängnisses oder Bails entledigt *), diejenigen aber gegen welche solche begründet gefunden, vom Goaler vorgeführt, sie befragt, ob sie der Anklage geständig, und ihre Erklärung registrirt; das weitere Verfahren bleibt, wenn das Verbrechen Felony ist, den nächsten Assizes (Gerichten der reisenden Oberrichter) gewöhnlich, nicht nothwendig, vorbehalten oder überlassen; bei geringern Vergehen auch bis zu den nächsten Sessions ausgesetzt, es möchte denn der Verklagte selbst wünschen gleich gerichtet zu werden, da man diesen durch Verschiebung begünstigen will, um seine Vertheidigung oder Milderung besser vorzubereiten.

Endlich werden die noch übrigen Geschäfte von den Sessions berichtigt, als da sind: Anordnung einiger Friedensrichter zur Spezial-Aufsicht des Gefängnisses und des Besserungshauses; Verwaltung dieser und anderer öffentlichen Anstalten; Bestimmung des Tarifs der aus der Grafschaftskasse geleisteten Zuschüsse zu den Vergütungen für Militärfuhren, gelieferte Fourage und Quartiere; Regulirung der Entschädigungssätze für vor Gericht geforderte Zeugen; Wege- und Brückenbau; Bestallung und Einschwörung der Konstabel; Repartizion und Ausschreibung der Kirchspielsbeiträge (County Rates) zur Grafschaftskasse, und deren Verwaltung durch den Treasurer of the

*) In solchem Falle oder bei späterer Freisprechung durch die Special Jury, erhält der aus dem Verhaft Entlassene eine Entschädigung aus der Grafschaftskasse; es wird ihm aber wenn er wegen felony verfolgt worden, die Kopie seiner Anklage und Lossprechung in der Regel versagt, ohne welche er keine Entschädigungsklage anstellen kann, es möchte denn wirkliche Bosheit seines Anklägers klar zu Tage liegen.

County; Approbazion der von den Kirchspielen für ihren innern Haushalt ausgeschriebenen Beiträge (Parish Rates); Anordnung der Aufseher über Baumwollenmühlen u. s. w. und sodann bis zu den nächsten General Quarter Sessions vertagt.

In Ansehung der Regulirung innerer Angelegenheiten der Grafschaft vertreten die Sessions die in England nicht existirenden Provinzialstände; die Grand Jury ist auch befugt, und selbst verpflichtet, so auch jeder einzelne Einwohner, die Konstabel von Amtswegen, allgemeine Nothdurft, Beschwerden, Verbesserungsmaaßregeln vorstellig zu machen (Presentment), welche von den Sessions näher erwogen werden.

Die Sessions sind so wenig als andere Gerichte gebunden Gründe ihres Verfahrens anzugeben; sie können so lange sie sitzen eine frühere in denselben Sessions getroffene Verfügung zurücknehmen, und in denselben verordnete Geldstrafen mildern; sie können einige aus ihrer Mitte oder andere beauftragen eine Sache zu untersuchen, und darüber zu ihrer Entscheidung zu berichten, nicht aber diese ihnen übertragen; sie können in der Regel keine Sache annehmen die nicht vorher von einem einzelnen Friedensrichter entschieden oder diesem vorgetragen ist; und die einzelnen Beisitzer haben ganz gleiche Gewalt, die meisten Stimmen entscheiden: wenn diese getheilt, wird die Entscheidung ausgesetzt bis mehrere beisammen sind; sie können für ihre Handlungen in den Sessions nicht bestraft werden.

So wie in der Regel über alle Handlungen und Entscheidungen der einzelnen Friedensrichter bei den Sessions, so kann auch über richterliche Handlungen der einzelnen und der Sessions im Laufe einer Verhandlung bei den Obergerichtshöfen der Kingsbench und Chancery substanziirte Beschwerde geführt und von diesen ein Writ of Certiorary, Befehl der Einsendung des Records in der Sache, erlassen werden, wenn zuvor von demjenigen welcher dergleichen nachsucht, dargethan worden ist, daß er dem Friedensrichter oder den Sessions davon 6 Tage zuvor schriftliche Nachricht (previous notice) gegeben hat *), auch muß er Sicherheit für 50 L. leisten, daß er die Sache, wenn der Record eingehet, ohne Zögerung verfolgen und wenn das Verfahren des ersten Richters gut geheißen volle Entschädigung leisten will; es kann aber nicht an die Sessions appellirt und zugleich ein Certiorary nachgesucht werden. Der Richter, welcher ein solches Writ erhält, muß darauf sofort mit solchem zurück den Record einsenden **), und sein Verfahren in der Sache sistiren. Auch kann die Kingsbench ein Mandamus, Befehl an den Richter etwas zu thun was seines Amts und Pflicht ist, oder warum es unterlassen anzuzeigen, erlassen, wenn Jemand beschwöret, daß ihm Justiz verweigert wird; wenn darauf in der bestimmten Zeit kein oder ein ungenügender Bericht erfolgt, den Befehl absolut erklären, und die Anzeige der vollständigsten Genügung in gesetzter Frist erfordern. Endlich werden bei den Assizes auch über alles schon geschlossene Verfahren der Sessions in richterlichen und administrativen Geschäften, wo nicht besondre gesetzliche Bestimmung solches final erklärt, und in diesem Falle über die Förmlichkeit, die Appellazionen angebracht und entschieden.

---

*) Allgemein und in allen Fällen findet die Bestimmung statt, daß, wer über ein ihn drückendes öffentliches Verfahren Beschwerde führen will, dem Beamten davon vorher Nachricht geben muß, welcher dadurch Gelegenheit gewinnt ein geschehenes Unrecht zu verbessern, oder Zeit sich zur Vertheidigung zu rüsten, und der Oberbehörde ohne Rückfrage die Mittel zur Beurtheilung darzureichen. Gewiß eine äußerst zweckmäßige Bestimmung, die beste um Oberbehörden vor dem Andrang von Querelen, sowohl gegründeten als ungegründeten, zu sichern, und die Erörterung der erstern abzukürzen. In ähnlicher Art findet im Preußischen Staate die, jedoch weniger ausreichende, Bestimmung statt, daß keine Beschwerde ohne Beifügung des abschläglichen Bescheides der nächstvorgesetzten Behörde von der obern angenommen werden soll.

**) d. h. wie vorbemerkt den protokollarischen Befund der Sache; Gründe, rechtfertigende Berichte werden nicht gefordert, die Legalität des Verfahrens muß aus der Sache selbst reden.

Jeder Friedensrichter hat seinen Schreiber (Clerk of Justices) und für alle, Behufs der Sessions, ist ein Generalsekretär (Clerk of the Peace) der zugleich das Friedensarchiv bewahrt, letzteres unter Verantwortlichkeit desjenigen Friedensrichters, welchen das Friedensrichterpatent zum Custos Rotulorum namentlich bestellt, der vor den andern keinen Vorzug genießet, ausser der alleinigen Ernennung des Generalsekretärs, den jedoch die Sessions absetzen können. Durch diese Schreiber wird alles offizielle Schreibwerk allein bestritten, mit welchem sich die Friedensrichter nie befassen, auch da dieses ganz mechanisch geregelt ist, Berichte u. s. w. von ihnen nicht gefordert werden, gar nicht zu befassen haben, nicht die Muße und Lust zum Handeln sich zu verderben brauchen; sollte die Wirksamkeit derselben allein oder vorzüglich sich auf Schreiben reduziren, sie für längere Zeit an den Arbeitstisch gefesselt sein, täglich mit Verfügungen überladen, mit Berichtserstattungen belästigt werden: dann möchten sich wohl selten unabhängige Männer finden, welche dieses Amt übernehmen wollten. Die für ihre verschiedenen Geschäfte bewilligten Sporteln überlassen sie durchgängig ihrem Schreiber; gewöhnlich reichen sie zu dessen Unterhalt nicht hin, manche unterhalten ihn ganz allein, und lassen gar keine Sporteln nehmen; der Generalsekretär hat vornehmlich durch die Darreichung von Abschriften aus dem jedem offnen Archive eine ergiebige Einnahme. Die Sporteltaxen werden in den Sessions regulirt, und von Zeit zu Zeit revidirt; erst wenn sie in den folgenden nochmals durchgegangen, darauf den reisenden Richtern bei den Assizes vorgelegt, und von diesen genehmigt, erhalten sie Gültigkeit, und jeder der eine Ueberschreitung darthut, 20 L. Belohnung, als Strafe des Uebertreters *). Auch sollen ihnen für jeden Sessionstag 4 Sh. Diä-

*) Auch das hierbei beobachtete Verfahren ist überaus zweckführend und nachahmungswerth.

ten für sich, 2 Sh. für ihren Schreiber, aus den Strafgeldern verabfolgt werden, welche jedoch Herzöge, Grafen, Barone, die das Amt bekleiden, nicht fordern dürfen, andere auch selten verlangen. Sowohl die einzelnen Friedensrichter als die Sessions müssen jährlich auf Michaelis dem Sheriff ein Verzeichniß der von ihnen diktirten und noch ausstehenden Geldstrafen nebst dem Betrage der schon erhobenen, durch den Generalsekretär zustellen, und dieser solches, zuvor als richtig beschworen, der Schatzkammer einreichen, nicht weniger die Personen, denen die Gesetze einen Antheil zubilligen, binnen 10 Tagen benachrichtigen, daß und wieviel sie vom Sheriff zu fordern haben.

Man kann daher annehmen, daß dieses Amt ganz unentgeltlich wahrgenommen wird, mit einziger Ausnahme der Friedensrichter in Westminster, wo die Menge, Wichtigkeit und Verwickelung der Geschäfte, die Hinzufügung einiger ihre ganze Thätigkeit denselben ausschließend widmender Personen, als besoldete Friedensrichter (zur Unterscheidung Stipendiary Magistrates benannt) in neuern Zeiten nothwendig gemacht hat. Die Unentgeltlichkeit des Amts ist es aber vornehmlich, welche den Friedensrichtern ein so großes Ansehen und eine Autorität giebt, wie sie wohl die Richter in keinem andern Lande genießen mögen *), wie denn auch in keinem Lande der Gehorsam gegen

*) Unentgeltliche Amtsleistungen hat man auch in einem andern großen Reiche, unter ganz andern Bedingungen zu erzwingen den unglücklichen Versuch gemacht, in einem Lande dessen Gesetzgebung geradezu dahin strebt, solche und was daran heilsam ist zu vernichten, indem sie die Zersplitterung alles Grund- und Geldvermögens zum Zwecke hat. Diese große Beweglichkeit des Eigenthums wird durch adäquate Abgaben sehr ergiebig für die Staatskasse (bis auf einen gewissen Punkt); man hat berechnen wollen daß durch diese im Laufe von 40 Jahren alles Vermögen durchpassirt, auch wirkt es vortheilhaft auf die zu Soldaten, in dem Sinne, geeignetste Bevölkerung: allein die Klasse der unabhängigen Einwohner (independent substantial men), welche doch auch einigen Werth und selbst einen bedeutend finanziellen Werth für den

das Gesetz so fest begründet ist, dem Gesetze und dessen Dienern so unwidersprochene augenblickliche Folge geleistet wird, als in Großbritannien. So wie sie jeden hören und helfen müssen, so dürfen sie auch von jedem unbedingten Gehorsam fordern; wer ihren Anweisungen, Vorladungen und Verhaftsbefehlen keine pünktliche Folge leistet, den treffen die härtesten Strafen; sie können die Kräfte jedes Einwohners für das allgemeine Beste einzeln und in größern Massen zur Thätigkeit rufen; jeden der ihnen zunächst stehet, oder den sie für den tauglichsten halten ein Geschäft zu verrichten, damit beauftragen; jeden, bei dem sie die beste Wissenschaft von einer Sache vermuthen, zur Eröffnung auffordern und anhalten. Sie genießen den größten Schutz der Gesetze, in der gerechten Ausübung ihres Amts. Ihr schriftliches Zeugniß über Amtshandlungen genießt in den obern Gerichtshöfen unbedingten Glauben, ohne Einsprache; was sie versichern, ist wahr; selbst wenn ihr Verfahren in den Förmlichkeiten fehlte, sollen ihre Handlungen, in vielen besonders bestimmten Fällen, aufrecht erhalten werden; und wenn sie gewissenhaft, aus reinen Absichten verfahren, keine Bestechung, Bosheit, Parteilichkeit, Unterdrückung klar zu Tage liegt, sind sie auch wegen unrechter Handlungen dem Könige nicht straffällig, den Parteien nur zur Entschädigung verpflichtet. Auch können sie nur bei den Assizes in der Grafschaft selbst und innerhalb der nächsten 6 Monate belangt werden; dann aber auf den allgemeinen Zweck ihres Amts, und das sie für den speziellen Fall autorisirende Statut sich berufen; sie erhalten doppelten Kostenersatz wenn sie obsiegen,

---

Staat hat, gehet dabei zu Grunde; die brittischen Gesetze dagegen begünstigen dieselbe, erkennen darin eine Hauptstütze der ganzen Verfassung und Verwaltung, sie beschränken fideikommissarische Stiftungen nicht bloß auf Adel und Grundeigenthum, sie ersticken nicht den Sporn zur Industrie in freier Dispositionsfähigkeit über das erworbne Vermögen nach dem Tode, sie sichern auch dem Handwerker durch Innungen und Zünfte einen festen Stand.

und es wird keine solche Klage angenommen, ohne Nachweisung, daß dem Friedensrichter 4 Wochen zuvor vollständige Nachricht davon mit Angabe aller Beweismittel gegeben worden ist. Das letztere verschafft ihm Zeit Vergleichsvorschläge anzubieten; wenn der Gegner diese verwirft, die Jury aber sie nächstdem für ausreichend erachtet, ein obsiegliches Urtheil; und eben als wenn die Klage grundlos gefunden wird, doppelten Kostenersatz *). Auch können dem Kläger ausser der bezahlten Geldstrafe nur 2 P. Entschädigung zuerkannt werden, welche in diesem Falle die Prozeßkosten nicht involviren, ausser wenn dargethan worden, daß der Friedensrichter absichtlich boshaft und grundlos verfahren, in welchem Falle ihm doppelte Kosten obliegen.

Indem die Einmischung der obern Behörden im Verfügen und Kontrolliren also bestimmt und den groben Mißbräuchen

---

*) Die englische Gesetzgebung verbindet eigne Begriffe mit Costs (Prozeßkosten im ausgedehntesten Sinn) und Damages (Privatsatisfakzion): erstere sind immer Folge der Verurtheilung zur letztern, werden aber auch zuweilen ohne letztere, vornehmlich in allen den Fällen erkannt (2 auch 3fach) wo gegen einen öffentlichen Beamten ungegründete Klage wegen Amtshandlungen erhoben worden; sie stellen dann also eine Entschädigung für demselben ungebührlich verursachte Mühe und Aerger dar. Die Damages aber haben das Eigenthümliche, daß sie fast nie im eigentlichen Verhältniß mit dem zugefügten Schaden stehen, der freilich auch gar keiner Schätzung zu Gelde fähig ist. Entweder sind sie ganz ungeheuer hoch und zu mehreren tausend Pfunden bei Ehrensachen, wenn der Sachfällige des Vermögens ist; und dieses gewöhnlich gegen Verfasser und Verbreiter von Pasquillen, Verführer einer Ehefrau (das sogenannte Crim. Con., wo die Damages oft nicht eingefordert werden, ihre Bestimmung aber doch vorausgehen muß, um beim Parlament eine Ehescheidungsacte auszuwirken). Oder die Jury bestimmt solche so niedrig, daß es ganz ins Lächerliche zu fallen scheint (so erinnere ich mich eines Beispiels wo sie zu 1 P. (8 Pfennig) bestimmt wurden), aber doch nicht so ist, weil viel Kosten daran hängen, mithin dann wenn die Jury durch diese, neben der öffentlichen Strafe, den Sachfälligen schon hinlänglich gestraft erachtet, oder wenn dem Gegentheil auch einige Schuld zur Last fällt.

der Gewalt somit vorgebeugt worden, ist doch den Friedensrichtern ein sehr freier Spielraum zur kräftigen nützlichen Wirksamkeit gelassen, und der schwierige Punkt: das Maaß der Verantwortlichkeit so zu bestimmen, daß es die Thätigkeit nicht hemmt, und dem trägen, schlechten, nachlässigen Beamten nicht zur Rechtfertigung, wenigstens zur Entschuldigung gereiche, hier sehr erwünscht, und auf solche Weise gelöset, daß der öffentliche Dienst von vermögenden unabhängigen Männern nicht als eine unerträgliche Last vermieden, sondern als eine erfreuliche Beschäftigung des Lebens gesucht wird. Noch weit wirksamer indessen als die von fern herbeizurufende Kontrolle der Obergerichte, oder als die durch Appellazion an deren reisende Deputazionen in den Assizes geltend zu machenden Beschwerden, ist die Beobachtung, Aufsicht und Kritik welche das ganze Publikum über der Friedensrichter offene, nicht in Akten begrabene, Wirksamkeit und Thätigkeit, mit unbefangener Freimüthigkeit ausübt, indem es alle ihre Handlungen einer strengen und gewöhnlich sehr gerechten Beurtheilung unterwirft, und die Sache des geringsten Mitbürgers zur Sache aller macht. Da wird es beinahe unmöglich daß Jemand schlecht handele, wenn er selbst den Willen dazu hätte, auch ist es eine fast unerhörte Sache, daß ein Friedensrichter dessen beschuldigt und angeklagt worden wäre, und eben so wenig darf er nachlässig sein, wenn ihm die Meinung seiner Mitbürger etwas werth ist; wenn er sein Ansehen bei diesen begründen, sich Einfluß auf sie verschaffen will, der ihm zu einer angenehmen Existenz im bürgerlichen Leben sehr wünschenswerth, auch oft sehr wichtig wird; vornehmlich wenn er trachtet nach der höchsten Ehre, zum Parlamentsgliede für die Grafschaft (County Member)*)

*) Diese, obgleich im Parlamente ohne Vorzug vor den Abgeordneten der rotten boroughs, genießen ein ausserordentliches Ansehen in der öffentlichen Meinung, und wenn sich Parteigeist einmischt, werden nicht selten hunderttausende verwendet die Wahl dazu durchzusetzen

erwählt zu werden, oder solche einem Freunde zuzuwenden wünscht. Alle Parlamentsglieder sind in der Regel Friedensrichter gewesen, oder vereinigen großentheils noch fortwährend beides mit einander; sie nehmen in diesen obersten Körper den reichen Schatz von praktischer Erfahrung, Sach- und Landeskenntniß mit hinüber, welchen sie in der Fülle des lebendigen Geschäftslebens sich eigen gemacht haben und welcher dort ihrer Wirksamkeit im Allgemeinen, in den Special Committees insbesondere *), so nützlich wird. Nicht selten werden auch Friedensrichter zu den bedeutendsten Staatsämtern gerufen: so wurde z. B. der Graf Spencer, bis dahin ein sehr thätiger Friedensrichter, an die Spitze der Admiralität gestellt, welcher er während des ganzen ersten französischen Krieges mit dem größesten Ruhme vorstand: wer diesem Posten tüchtig vorstehet, wird zu allen Andern für fähig gehalten.

Die Einrichtung der brittischen Friedensrichter ist in aller Hinsicht vortrefflich und stellet vielleicht das allervollkommenste Institut dar, welches die Verfassung irgend eines Landes aufzuweisen vermöchte. Der Einzelne hat volle Wirksamkeit ohne Willkühr, er ist beschränkt nur durch das Gesetz, durch die öffentliche Meinung, durch Publizität, durch den Rekurs an die Mehrern seines Gleichen, oder an die oberste Justizbehörde, aber allem Mißbrauche dieses Rekurses ist kräftig vorgebeugt:

— sie gelten für die eigentlichen Vertreter der Provinz, übergeben die Bittschriften u. s. w.

*) In diesen parlamentarischen Ausschüssen, deren Wirkungskreis die ganze innere Verwaltung umfaßt, ist Lokalkunde von der größten Wichtigkeit, es erwerben sich darin häufig solche Männer die größten Verdienste, welche, bei wenigem Rednertalent, im Parlamente nie glänzen und ganz unbekannt bleiben. Die Vertheilung einzelner Geschäfte unter temporäre Kommitteen ist eine wichtige Eigenheit der brittischen Verwaltung, in allen ihren Zweigen, und überall von entschiedenem Vortheil für schnellere und bessere Bearbeitung der Geschäfte; wohl zu bemerken aber für einzelne Gegenstände, bei wechselnden Mitgliedern.

hier sind alle Vorzüge der kollegialischen Form vereinigt, ohne deren Mängel; die Wirksamkeit des Einzelnen ist nur ein Ausfluß der allen gemeinschaftlich in der Friedenskommission ertheilten Gewalt zu den Geschäften, welche besser von wenigen als vom ganzen Kollegio wahrgenommen werden, dem aber alle zur Rechenschaft von ihrem Verfahren verpflichtet sind, und welches dieses ganz oder theilweise umstoßen oder abändern kann.

IV. Die Konstabel (Constables) endlich, die letzte Klasse der öffentlichen Beamten, sind auch aus den ältesten Zeiten auf die gegenwärtigen vererbt. Schon König Alfred verordnete, alle freigeborene Männer sollten sich mit ihren Familien in Gesellschaften von zehn (tithings, boroes) zusammenthun, welche unter und für einander verpflichtet waren sich zu vertreten und zu haften; wer so übeln Rufs, keine Aufnahme in solchem Verein finden zu können, sollte im Gefängniß verwahrt werden, als unwürdig frei unter rechtlichen Leuten zu wandeln; jede sollte sich ihren Sprecher, Vorsteher (tithingmen, boroeselder, borsholder, head borough, chief pledge) um für gute Ordnung zu sorgen, erwählen, und zehen dergleichen Vereine, zur Verhandlung gemeinschaftlicher wichtiger Angelegenheiten, zu gewissen Zeiten zusammenkommen (hundred), auch in Kriegen in eine Kompagnie zusammentreten, woraus sich die noch bestehenden Unterabtheilungen der Grafschaften gebildet haben, und für solche der Name Hundert beibehalten worden ist, obwohl er jetzt sich nicht an Hundert Familien bindet, sondern immer mehrere Kirchspiele umfaßt. Der französische Name Konstabel kommt zu allererst im Statute von Winchester (13. Ed. I. St. 2. c. 6.) vor; die Sache war schon lange, und selbst die alten Namen findet man noch jetzt häufig. Dieses Statut bestimmt die Wahl von zwei Konstabeln in jedem Hundert um die Waffenrüstungen *)

---

*) Eine ähnliche Einrichtung hat sich in mehrern Gegenden von West-

und öffentliche Wege nachzusehen und die Herbergepolizei zu besorgen; bald nachher wurde ihnen die Arrestation von Verbrechern, und andere spezielle Fürsorge für öffentliche Sicherheit übertragen, ihre Geschäfte fortwährend ausgedehnt, gleichen Schrittes mit der friedensrichterlichen Gewalt, der sie zur Ausführung dienten, — und ihre Anzahl vervielfältigt. Gegenwärtig ist in jedem Hundert ein Oberkonstabel (High Constable) und in jeder Gemeinde sind ein oder mehrere Konstabel (Petty Constables, Tithingmen, Borsholders), alle sind Werkzeuge der Lordlieutenants, Friedensrichter und Sheriffs, ihr Wirkungskreis umfaßt alle diesen Beamten übertragenen Geschäfte, worin sie jedoch nicht allein auf deren besondern Befehl, sondern auch aus eigner Macht in ihrem Geschäftsbezirke (Constablewick) verfahren, der Konstabel in seiner Gemeinde, der Oberkonstabel im ganzen Hundert. Der letztere soll überdem eine Oberaufsicht über die andern haben, dieselben in ihren Geschäften anweisen, unterrichten, kontrolliren, und wenn deren mehrere für einen bestimmten Zweck versammelt werden, sie anführen und befehligen; er soll vornehmlich die Einquartirung von Truppen reguliren, die ausgeschriebenen County Rates erheben, an den County Treasurer abliefern, und vierteljährig den Sessions berechnen, die Belohnungen für angehaltene Landstreicher auszahlen u. s. w. Eine eigene Instanz bildet derselbe indessen nicht; die Friedensrichter sind nicht gebunden alle ihre Verfügungen an die Konstabel durch den Oberkonstabel ergehen zu lassen, und thun solches gewöhnlich nur in Verwaltungsgegenständen welche das ganze Hundert betreffen. Die Konstabel sollen die ruhigen Einwohner gegen alle und jede Störungen zu allen Zeiten schützen, daher ihren Bezirk fleißig begehen, und dahin sehen, daß die Gesetze beobach-

---

falen noch bis auf die neuesten Zeiten erhalten: jeder Hausvater war verpflichtet sich ein brauchbres Gewehr zu schaffen und es den Führern bei den jährlichen zweimaligen Musterungen vorzuzeigen.

tet und Verbrechen vorgebeuget, der Sonntag nicht durch Gewerbetreibung und verbotenes Spiel entheiligt, die Ordnung der öffentlichen Schankhäuser gehalten werde; sie sollen Trunkenbolde arretiren, unerlaubtes Fluchen und Schwören verbieten und anzeigen, liederliche Häuser visitiren, die Verkäufer und Aussteller obszöner Bücher, Gemälde, Gesänge arretiren, den Schlupfwinkeln nachspüren, wo Zahlenlotterie *) und Hazardspiele getrieben werden, auf bekannte oder verdächtige Diebeshehler, alle Art Trödler **), Waarenverkäufer unter dem Preise, Endenverkäufer, Versatzhäuser und dergleichen vigiliren, Tagediebe und Landstreicher zur Haft bringen; sie können aus eigner Macht, als Conservators des Friedens, jeden arretiren welcher unter ihren Augen einen andern geschlagen oder verwundet hat, und ihn vor einen Friedensrichter führen; sie müssen sich sofort zur Stelle verfügen, wohin sie gefordert werden, um den Frieden herzustellen, Ruhe und Auseinandergehen zu gebieten, die Störer zu verwahren (sie können selbst ein Haus aufbrechen worin Lärm ist) und wenn allein sie es nicht vermögen, sich augenblicklich vervielfältigen, indem sie jeden Drit-

---

*) Lotterie Insurance Offices, Lotterie-Assekuradeurs, sind in die Stelle der in England nicht existirenden Zahlenlotterien getreten, und vertreten sie völlig, indem sie zu den kleinsten Summen Versicherungen auf die Erscheinung von Nummern und Gewinnen auf den Ziehungslisten annehmen; die schärfsten gesetzlichen Ahndungen haben nichts dagegen wirksam auszurichten vermocht, sie treiben fortwährend in verborgenen Schlupfwinkeln ihr betrügerisches Gewerbe. — Die englische Polizei ist aber auch freilich in ihren Maaßregeln zur Vorbeugung von Verbrechen noch sehr unvollkommen, weil man die dazu unentbehrlichen Werkzeuge verabscheuet und das Heilmittel noch schlimmer als das Uebel selbst erachtet.

**) Deren giebt es eine große Mannigfaltigkeit in den größern Städten (s. Colquhoun), wo dieses Gewerbe ordentlich nach Klassen und Zweigen sich abtheilt, weil in diesem Lande jeder Abfall und Ausschuß und Stückwerk aller Art seine besondre Bestimmung und Benutzung, daher einen sichern Abnehmer und Geldeswerth hat, gesammelt und verkauft wird, sogar Papierschnitzel, Topf- und Glasscherben u. s. w.

ten der ihnen zunächst ist, und deren so viel als nöthig, mündlich oder schriftlich zu ihren Gehülfen (Deputy) erklären, wodurch diesem ihre volle Gewalt mitgetheilt, und er zu deren thätigster Ausübung bei schwerer Strafe verpflichtet ist *). Wenn jemand den Konstabel auffordert, einen Verbrecher (Felon) aufzusuchen und zu fassen, so muß dieser sich gleich, ohne den Befehl des Friedensrichters zu erwarten, dessen befleißigen — mit solchem ausgerüstet kann er auch die Thür seines Hauses erbrechen, nachdem er sich vorher zu erkennen gegeben und Eintritt gefordert; ein fremdes Haus nur dann, wenn er ihn gewiß darin weiß; und den festgenommenen Felon muß er sofort genau durchsuchen, auch auf andere Weise die Verfolger mit Rath und That zur Beweisführung unterstützen. Wegen Misdemeanor kann er nur mit einem Verhaftsbefehl versehen, arretiren, und auf Bürgschaft darf er niemand entlassen, auch keine Sicherheit für den Frieden sich bestellen lassen, weil das in das richterliche Amt eingreifen würde. Bei Exekuzionen müssen die Konstabel zugegen sein, um Ruhe zu erhalten; bei den ihnen übertragenen Ausstellungen auf der Schandbühne (pillory) und öffentlichem Auspeitschen (whipping) den Eifer des Pöbels zurückhalten; den Sessions und Assizes sollen sie beiwohnen, um Ruhe und Stille zu erhalten, bei den Herbstsessions eine getreue Liste einliefern, von allen Personen in ihrem Bezirk, fähig als Schöffen (Geschworne, Jurymen) zu dienen, und eine Abschrift davon an die Kirchthüren aushängen — von unnatürlichen Todesfällen den Coroner benachrichtigen, und die von diesem geforderten Jurys stellen. — Bei

*) Dieses einfache Mittel, die Gewalt der Polizei im Nothfall zu verstärken, so lange die Gefahr dauert, überhebt in den meisten Fällen, und bei allem momentanen Zusammenlauf, der Nothwendigkeit das Militär zu Hülfe zu rufen, und es verdankt dem Umstande, daß so wenig Soldaten und an so wenigen Orten sich finden, wahrscheinlich seine Entstehung.

Parlamentswahlen und andern öffentlichen Zusammenkünften müssen sie für Ruhe sorgen; sobald sie eine widergesetzliche Versammlung, Tumult, Aufruhr erfahren, den nächsten Friedensrichter benachrichtigen, sich selbst mit ihrem langen und kurzen Stabe zur Stelle verfügen, und unter die Direkzion des gegenwärtigen Friedensrichters begeben, ihm beistehen die Leute zu zerstreuen, und die eines Friedensbruchs schuldigen (durch Beschädigen und Niederreißen des Eigenthums und einstündiges Zusammenbleiben von mehr als zwölf Personen nach Verlesung der Aufruhrakte) zu arretiren. Der lange Stab ist ein 3 — 4 Fuß langer, 1½ Zoll dicker runder hölzerner Stock, oben mit dem Königl. Wappen bemalt; der kurze Stab ein messingenes 4 Zoll langes Stäbchen oben mit einer kleinen Krone; wer damit auf der Schulter unter dem Ausspruche: „Im Namen des Königs," berührt worden, ist dadurch selbst verhaftet, und muß dem Konstabel augenblicklich Folge leisten *). — Wenn ein Feuer ausbricht, müssen die Konstabel sofort sich mit den Stäben zur Stelle verfügen, zum Löschen auffordern, Diebereien vorbeugen, auch arretiren wer Raketen in der Nähe von Häusern wirft, und die Verkäufer von Schießpulver warnen, nicht mehr als die gesetzlich erlaubte Quantität im Hause zu haben. — Wahnsinnige, welche sie auf den Straßen treffen, sollen sie anhalten; die Sicherheit der Leute in den Straßen gegen unvorsichtiges Fahren, Reiten und Viehtreiben bewahren; alle Anstößigkeiten (Nuisances) entfernen, welche die Reinlichkeit der öffentlichen Straßen verletzen, oder deren Raum beschränken; den Verkauf ungesunder Nahrungsmittel, nach betrügerischem Maaß oder Gewicht, und über die (für Brod und Salz) bestimmten Taxen sollen sie hindern. Die Erheber der öffentlichen Abgaben haben sich des Beistandes und Schutzes

*) Es haftet indessen an der Verhaftung durch einen Konstabel nicht die mindeste Schande, und diese pflegen sich auch ganz bescheiden dabei zu benehmen.

der Konstabel zu erfreuen; dem Lordlieutenant und seinen Deputys sollen sie getreue Listen aller milizpflichtigen Personen ihres Bezirks einliefern, und allen ihren Anweisungen in dieser Hinsicht pünktlich genügen; unter Leitung der Friedensrichter, oder des Oberkonstabels, sollen sie die Soldaten in die pflichtigen Häuser (Wirths- und Schankhäuser) billetiren, für Wagen und Kähne bei Märschen sorgen, die dafür bestimmte Bezahlung quittiren und den Desertörs aufpassen. Den Personen, welche wegen rückständiger Miethe zur Exekuzion gegen ihre Schuldner schreiten, soll der Konstabel allen Beistand leisten, die Exekuzionsverfügungen seiner vorgesetzten Behörden pünktlich ausführen, so wie alle Warrants derselben jemand zu verhaften *), nach gestohlenen Gütern zu suchen u. s. w., ohne zu erörtern ob solche gesetzlich sind; nur dürfen solche seinen Bezirk nicht überschreiten, welchen er wider Willen nicht zu verlassen braucht, daher es dann von ihm abhängt, ob er Folge leisten will. Die Befolgung der Warrants bescheinigt der Konstabel dem Friedensrichter, hebt sich solche aber demnächst auf, da er verpflichtet ist, dem dadurch Betroffenen solche auf Verlangen zu zeigen, auch in Ur- oder Abschrift binnen 6 Tagen darzureichen. Diese Darreichung enthebt ihn aller Verantwortlichkeit, die allein den ausfertigenden Friedensrichter trifft, er kann alsdann nur wegen Ueberschreitung seines Auftrags und dann unter gleichen Modalitäten als letztere belangt werden. Der Konstabel ist für den arretirten Felon verhaftet, so lange er sich in seinem Verwahrsam befindet, er kann ihn deshalb einschließen, in Ketten legen u. s. w., ohne jedoch das zur

*) Nicht allgemein und ausschließend (wie v. Archenholz II. S. 156 versichert) wird eine andere Klasse von Gerichtsdienern, die Bailiffs, zur Arrestazion von Schuldnern gebraucht, diese sind vornehmlich nur in London im Gebrauch — der Konstabel muß alle darauf gerichtete Aufträge des Sheriffs ausführen. Auch ist es ganz irrig, daß eigene Diebsfänger gehalten würden und dieses Geschäft die Konstabel nicht befasse.

Sicherung nothwendige Maaß von Härte zu überschreiten. In den größern Städten, wo Nachtwachen und Patrouillen angeordnet, müssen die Konstabel abwechselnd, so lange solche gehen, im Wachthause anwesend sein; ehe selbige auf ihre Posten gehen nachsehen, ob alle vorhanden und nüchtern sind; die arretirten Personen so lange bewahren, bis sie am andern Morgen vor den Friedensrichter gebracht werden können; nachdem derjenige auf dessen Instanz sie arretirt, die Veranlassung, seinen Namen und Wohnort und das Versprechen am Morgen die Sache zu verfolgen, im Wachtbuche niedergeschrieben hat *).

Alle diese Geschäfte werden so weit sie das öffentliche Interesse angehen unentgeltlich verrichtet, der Konstabel genießet jedoch in vielen Fällen einen Theil der Geldstrafen, welche in Folge seiner Anzeigen und Bemühungen erkannt werden; besondere allgemein bestimmte Prämien, oft bedeutend genug, als für Arretirung eines Straßenräubers 50 L., eines Pferdediebes 20 L., eines Kuh- oder Schafdiebes 10 L., auch vollständigen Ersatz aller in Ausübung seines Amts gehabten Ausgaben, oft auch des Zeitverlustes, vom County Treasurer, auf Anweisung von zwei Friedensrichtern; endlich bestimmte Gebühren für verrichtete Straferekuzionen. Für andere Geschäfte wobei ein Privatinteresse mitwirkt, erhalten die Konstabel bestimmte Sporteln, z. B. für einen warrant oder summons innerhalb einer Meile 2 Sh., für jede halbe Meile weiter 6 P.; auch dürfen sie mit Wissen und Zustimmung des Richters frei-

*) Die Leichtigkeit denjenigen zur Haft zu bringen, der sich gegen einen andern vergangen hat, würde zu häufigem Mißbrauch führen, wenn nicht die englischen Gesetze damit die Verpflichtung verbänden, eine erhobene Beschwerde zu verfolgen und vor dem Richter auszumachen, wovon oben schon mehrere Beispiele angeführt worden; deshalb kann der Friedensrichter auch die Beschwörung jeder Anklage erfordern, ehe er einen Verhaftsbefehl erläßt. — Wer es dann unterläßt die Sache zu verfolgen, kann auf Schadenersatz in Anspruch genommen werden.

willige Belohnung thätiger Bemühungen von Individuen annehmen, wo das Gesetz dergleichen nicht bestimmte; nicht aber solche im Voraus verlangen oder gar behandeln, wenn jemand sie aufruft. Aber es trifft auch schwere Strafe den in seinem Amte nachlässigen, unthätigen, ungehorsamen, ungetreuen, pflichtwidrigen Konstabel, welche einzelne Statuten bestimmt festsetzen, auch zwei Friedensrichtern eine allgemeine Strafbefugniß einräumen.

Die Uebernahme dieses Amts ist allgemeine Bürgerpflicht, nur die Mitglieder des Kollegiums der Aerzte und der Chirurgen-Innung in London, die Apotheker, Advokaten, Bediente von Parlamentsgliedern, Friedensrichter in der Grafschaft worin sie agiren, und die Aldermen in London, Prediger, Milizsoldaten, endlich Personen welche einen Felon zur Ueberführung gebracht, oder welchen diese das darüber erhaltene Certifikat (Tyburn ticket, werth 10 L.) trassirt, sind unbedingt davon befreit; Leute von Stande und Offiziere sind solches bedingt, wenn andere fähige Personen am Orte sich finden; Schankwirthe, bekannte dem Trunke und andern Lastern ergebene, des Lesens und Schreibens unwissende, nicht angesessene, körperlich schwache Personen, können nicht dazu genommen werden.

Die Oberkonstabel wurden sonst vom Sheriff im Turn, nachdem dieser abgekommen, jetzt von den Friedensrichtern in den Sessions gewählt; die Konstabel sonst meistentheils von den Lords of the Leet in den Manorial Courts, und auch jetzt, wo diese noch gehalten werden (deren Geschäft sich gegenwärtig oft einzig auf diese Wahl beschränkt): wo sie aber aufgehört haben, von den Kirchspielen oder deren Vorstehern; vielfältig auch von den Friedensrichtern, welche verpflichtet sind zu sorgen, daß deren überall hinreichend vorhanden, und der abgehende sogleich ersetzt werde: häufig wird auch die Reihefolge unter den Einwohnern beobachtet; daher, weil das Amt immer nur ein Jahr dauert, selten einen öfter als höchstens zweimal die Reihe trifft. Allen Konstabeln, sie mögen erwählt sein von wem sie wollen, wird von den Friedensrichtern der Diensteid abgenommen, aber nur die Oberkonstabel brauchen die drei andern Eide zu leisten, und auch diese sind vom Genuß des Abendmahls und Unterzeichnung gegen Transsubstanziazion befreiet: also andere Religionsverwandte als Episkopalen und Presbyterianer dieser Aemter ebenfalls fähig.

Man hat in neuern Zeiten den Personen, welche zu Konstabeln gewählt worden, vornehmlich in den größern wohlhabenden Städten, nachgegeben, Substitute für sich zu stellen, welche sie bereitwillig gemacht für Bezahlung, gewöhnlich von 5—10 L., das Amt für sie zu verwalten, und für deren Handlungen, nachdem sie angenommen und eingeschworen, sie nicht weiter verantwortlich sind; diese heißen Stipendiary Constables, so wie die es selbst wahrnehmenden Constables in their own right. Die letztern machen indessen noch immer den bei weitem größern Theil aus; früherhin wurden nur in Krankheits- und Abwesenheitsfällen Stellvertreter zugelassen. Auch hat man seit 1792 in London und Westminster noch 213 besondere vom Staate besoldete Konstabel, für längere Zeit, mit gleicher Gewalt (Police Constables, Thames Surveyors, Bowstreet Officers) angeordnet; weil das Sittenverderbniß, die Vervielfältigung der Verbrecher, die zunehmende öffentliche Unsicherheit, in der Hauptstadt der Welt, von der vorhandenen Anzahl gewöhnlicher jährlich abwechselnder Konstabel nicht mehr bezähmt werden konnten, und diese Anordnung ist sehr wirksam befunden worden, obgleich man sich wohl noch lange ohnedem beholfen hätte, wenn nicht das französische Revolutionsfieber zu der Zeit erfordert hätte, der Polizei eine wirksamere, thätigere Unterstützung zu verleihen. Im Jahre 1802 befanden sich daselbst auf 864,865 Menschen in 126,414 Häusern 213 vom Staate besoldete, 832 Kirchspiels- und unter diesen 330 substituirte, und überhaupt 1045 Konstabel. Die Volkszählung von 1801 hat ergeben, daß England 683, Wales 83 Hunderts zählt, hiernach sind 766 Oberkonstabel, und wenn auf jeden 15 Petty Constables gerechnet werden, überhaupt 12,256 Konstabel vorhanden.

Gewiß hat dieses Institut der Konstabel viele treffliche Seiten: es liegt etwas Großes darin, daß die Nazion auch in der thätigsten, überall einwirkenden Stazion des öffentlichen Dienstes, sich selbst regiert; die sämmtlichen ausführenden Beamten aus der Masse des Volks genommen sind, und die Individuen abwechselnd mit aller Autorität ausgerüstet, als Jurys und Konstabel, sich einander gegenseitig bewachen. Auch bleibt ohne solche innige Theilnahme des Volkes selbst, die Ausführung vieler und der besten Gesetze immer höchst unvollkommen; es ist nothwendig, daß eine große Anzahl von Personen von Amtswegen verpflichtet ist, das verhaßte Geschäft der öffentlichen Anklagen zu übernehmen; auch würde es dem Staat sehr viel kosten, alle die mühseligen Verpflichtungen der Konstabel, welche jetzt unentgeltlich versehen werden, durch besoldete Diener wahrnehmen zu lassen, selbst wenn diese dasselbe zu leisten vermöchten, und die Gefahr der Korrupzion bei ihnen nicht noch viel größer wäre; der Regierung würde auch dadurch ein mit der brittischen Verfassung unverträglicher und leicht gefährlicher Einfluß gegeben; es sich daneben fragen, ob die von denselben bestellten und abhängigen Unterbeamten, den aus dem Volke genommenen Friedensrichtern eben so willfährigen Gehorsam leisten würden, als die gleichfalls aus dem Volke genommenen Konstabel. Endlich findet sich bei diesem brittischen Institute der Fehler vermieden, welcher in den meisten andern Ländern statt findet, daß die Unterbeamten mit zu wenig Gewalt ausgerüstet, bloße Maschinen oft entfernter, ununterrichteter, blos die Feder führender Oberbehörden, nie aus eigner Macht nach eignem Sinn, bestimmt auf dem Fleck, wirken können, wie es den augenblicklichen Umständen gerade am angemessensten ist.

Allein, eben weil zuletzt alles auf die Qualifikazion der untersten Beamten in der Polizeiverwaltung beruht, und das Maaß der Vollkommenheit dieser sich einzig nach dem Grade der Vorzüglichkeit jener bestimmt, sollte auch in Großbritannien hierin nicht dem Zufalle so viel überlassen bleiben. Das vorher angeführte lange Register der mannigfaltigen, wichtigen Geschäfte eines Konstabels ergiebt, daß sehr viel dazu erfordert wird, solche gehörig wahrzunehmen: auch verlangt das Gesetz, daß dazu nur homines idonei, verständige, rechtliche, gewandte Männer, an dem Orte seßhaft, genommen werden sollen. Aber diese sind in der untern Klasse eben so selten in England als in andern Ländern anzutreffen; der eigentliche Pöbel, der rohe ungesittete Haufe, ist dort, in Gefolge des gänzlichen Mangels an allgemeiner parochialischer Unterrichtseinrichtung, der verderblichen Armenpolizei, des überwiegenden Fabrikengewerbes und anderer Umstände, noch viel zahlreicher als in andern Ländern *), und würde zugleich auch viel schlechter dort sein, wenn er nicht durch das dem gemeinsten Engländer eigenthümliche Gefühl seiner Menschen- und Bürgerwürde, durch den Nazionalstolz, durch den eingewöhnten Sinn für Rechtlichkeit und Billigkeit, die allgemeine Gutmüthigkeit — wieder verbessert würde. Die Menschen in dem zunächst folgenden Mittelstande, achten sich häufig zu gut: können auch für die lästigen, verwickelten Verpflichtungen des Konstabelamts die nöthige Zeit von ihrem Gewerbe nicht entübrigen, da solches, im vollen Umfange wahrgenommen, jetzt die ganze Thätigkeit eines Mannes ausschließlich an den meisten Orten in Anspruch nimmt. Für die höhern Stände ist ein, die köstliche Unabhängigkeit so ganz zerstörendes Amt noch weniger geeignet, und die Umstände bewirken unvermeidlich eine große Unvollkommenheit der Ausführung in dem brittischen Verwaltungssystem: welches, wenn

---

*) Göde II. 362.

die Konstabel dem größern Theile nach wären und sein könnten was sie sein sollen, und eben so vorzüglich bestellt wie die Friedensrichter es sind, unstreitig als das vollkommenste sonder Gleichen geachtet werden müßte.

Jetzt wird das Amt der Konstabel größtentheils auf die erstere Klasse zurückgeworfen, welche gerade dafür weniger geeignet ist, und daher sind, in der Regel, diese Unterbeamten dort wohl nicht viel besser als in andern Ländern; wenigstens in den größern Städten, gerade wo die besten erforderlich wären. Von Männern die nur mit Widerwillen sich einem lästigen Amte unterziehen, weil sie demselben nicht entgehen können, läßt sich schwerlich eine das Maaß des unvermeidlich Nothwendigen überschreitende Thätigkeit erwarten; sie werden nur so viel thun, als eben nöthig ist um sich gegen die Strafen der Unterlassung zu sichern; sie werden mit Sehnsucht des Jahres Ende erwarten, welches sie dessen wieder entledigt; und gerade dann daraus scheiden, wenn sie eben anfangen sich dasselbe geläufig zu machen, um erst recht wirksam darin sein zu können. Vielleicht ließen sich Mittel finden, dieses Amt für die untere Klasse der Staatsbürger eben so respektabel zu machen, und dessen Beschwerden eben so zu erleichtern, als es das friedensrichterliche Amt für die höhere Klasse schon ist (gegenwärtig findet gar kein angemessenes Verhältniß der Anzahl der einen zu den andern statt): vielleicht ließen auch mehrere pekuniäre Vortheile oder Entschädigungen sich damit verknüpfen, und dadurch ein besseres Gleichgewicht der Lasten und Vortheile herstellen. Wird vielleicht einst dieses Amt mit größerer Ehre ausgestattet, kann es als Nebensache betrieben werden, werden Geldvortheile damit verbunden, welche Personen die keine müßige Augenblicke haben, den Zeitverlust bezahlen: dann läßt sich gewiß erwarten, daß sich in dem Lande des Public Spirit Leute finden werden, die es gern und willig übernehmen, und mit Lust und Liebe verwalten; der schon allein so gehässige Zwang zur Uebernahme würde aufhören, wie der dem Geschäfte so nachtheilige jährliche Wechsel des Amts *).

Dieses sind die ausführenden Beamten, auf denen die große Maschine der innern Staatsverwaltung Großbritanniens ruht, sich frei und einfach und doch in ihrem Gange so sicher bewegt. Der Königliche Geheime Rath (His Majesty's most Honourable Privy Council), sowie der Staats-Sekretär für die innern Angelegenheiten greifen nur wenig und selten, bei ausserordentlicher Veranlassung, und blos momentan, darin ein; es bedarf ihrer Mitwirkung nicht; sie wäre verfassungswidrig, daher ohne alle Folge; sie ist auch an sich nach der Form dieser Behörden ganz unmöglich. Der Königliche Geheime Rath bestehet aus den Königlichen Prinzen, den ersten Kron- und Staatsbeamten (etwa 20. Schmalz S. 111) als gebornen, und einer großen Anzahl vom Könige ernannter Personen, welche kein Amt bekleiden; nur der Präsident (Lord Pre-

*) Nur hin und wieder ist im Vorstehenden der polizeilichen Strafen gedacht, welche die brittischen Gesetze verordnen: ein vollständiges Register derselben zu liefern scheint überflüßig, weil die Strafen überall lokal, dem Zustande der Kultur und Gewerbe und andern Verhältnissen jedes Landes eigenthümlich sind: auch gehört dieses eigentlicher in die Darstellung der Kriminalverfassung. Aber das ist im Allgemeinen zu bemerken, daß ausser Geld- und Gefängnißstrafen, auch die von andern Gesetzgebungen ganz beseitigten, für den noch zur Zeit in den meisten Ländern bestehenden Kulturstand des großen Haufens gewiß höchst wirksamen Schand- und Ehrenstrafen, in Großbritannien noch in voller Wirksamkeit bestehen; auch verordnen die brittischen Gesetze sehr zweckmäßig Belohnungen aus den Grafschafts- (Kreis) Kassen für Verfolgung von Uebelthätern aller Art, und Entschädigung für die darauf verwendeten Ausgaben; bei mehrern Theilnehmern eines Verbrechens ist derjenige frei von aller Strafe, welcher die Mitschuldigen angiebt (the King's Evidence); in mehrern Fällen ist das Kirchspiel, das Hundert, die Grafschaft, zur Bezahlung des darin verübten Raubes verpflichtet u. s. w.

sident) erhält Gehalt; jedes Mitglied kann allen Versammlungen beiwohnen, ohne dazu verbunden zu sein; durch Vervielfältigung (im J. 1805 waren überall 145 Geheime Räthe) ist auch hier dafür gesorgt, daß stets genugsame und willige unabhängige Männer für die Geschäftsführung gegenwärtig sind. Sie ertheilen dem Könige ihren Rath in allen Dingen, worüber er solchen fordern möchte; vernehmen muß er solchen jedoch jederzeit, über alle Proklamazionen, allgemeine Bestimmungen und Anweisungen in ausserordentlichen Fällen, welche Er erlassen möchte, und wozu die Veranlassung gewöhnlich während der Vakanz des Parlaments sich ergiebt, welches dann in gewisser Art durch den Geheimen Rath repräsentirt wird. Ausserdem gehören in den Wirkungskreis desselben, die Anordnung von Quarantänen, Embargos, Blokaden, alle in deren Gefolge auszufertigende Instrukzionen und Kommissionen; Rückfragen der Admiralität; Instrukzionen für die Gouvernörs und andere Beamten in den Kolonien (deren Regierung dem Könige allein, ohne Einwirkung des Parlaments, in soweit diese nicht durch Geldverwendung veranlaßt wird, übertragen ist, indem das Parlament durch die Provinzialassemblys ersetzt wird); Untersuchung und Entscheidung der über dieselben angebrachten Beschwerden, Bestätigung der von den Gouvernören und Provinzialversammlungen vorgeschlagenen Gesetze: — auch ist derselbe die letzte Instanz in allen Rechtssachen von den Kolonial-Gerichtshöfen. Eine bestimmte Geschäftsordnung und Vertheilung findet nicht weiter als dahin statt, daß für alle vorkommenden Gegenstände Kommitteen von 3 Mitgliedern bestimmt werden, welche solche erörtern, und demnächst in der allgemeinen Sitzung vortragen, in welcher der König gewöhnlich selbst präsidirt und entscheidet, ohne an die bei dem jüngsten Mitgliede anhebende Stimmgebung gebunden zu sein: ist Er nicht zugegen, so werden ihm die Beschlüsse der Mehrheit durch den Präsidenten vorgelegt. Auch giebt es eine stehende Kommittee des Geheimen Raths für die Untersuchung aller Handels- und Kolonial-Gegenstände (ehedem als Board of Trade and Plantation eine abgesonderte Behörde), und eine andere für alle Münz-Angelegenheiten, deren Mitglieder vom Könige besonders ernannt werden. Das ganze Subaltern-Personal bestehet aus 4 Sekretarien, 2 Registratoren, 4 Kopisten.

Der Staatssekretär des Innern (Principal Secretary of State for the Home department) hat die Korrespondenz mit den Behörden im Lande bei gewöhnlichen Ereignissen, z. B. Aufruhr, und in den Kolonien über alle Gegenstände der ausübenden Gewalt; die Ausfertigung aller Dienst-Ernennungen, Verleihungen, Patente, welche vom Könige ressortiren; die Rückfragen an die Oberrichter, über Gegenstände wobei der König deren Meinung zu wissen verlangt, Begnadigungen von der Todesstrafe u. s. w.: — bis zum Jahre 1794, wo allererst ein dritter Staatssekretär für die Kriegesgeschäfte konstituirt wurde, auch alles was auf die Landarmee Bezug hat. Seine Subalternität beschränkt sich auf zwei Unterstaatssekretäre, achtzehn Registratoren und Schreiber. — Schon dieses *), und dagegen das bedeutende Personal der einzelnen unzusammenhängenden Beamten, macht es ihm ganz unmöglich bestimmte offizielle Verbindungen mit denselben zu unterhalten, Berichte zu fordern und anzunehmen; Beschwerden über solche aber finden in den Gerichtshöfen ihre Erledigung. Der Staatssekretär übt daher über die Friedensrichter gar keine bestimmte Kontrolle aus, und vermag auch nichts mehr als eine allgemeine Aufsicht zu hegen; aber Verordnungen, welche die allgemeine Nothdurft erheischen möchte, werden von ihm vorbereitet, und dem Parlament in Antrag gebracht. Ein solcher Antrag stehet jedoch auch jedem

*) Auch darf in Beurtheilung der Geschäftigkeit der ersten englischen Staatsbeamten nicht unbemerkt bleiben, wie viele Zeit und Anstrengung ihre unausgesetzte Gegenwart und thätige Theilnahme in den Parlamentsverhandlungen erfordert.

andern Mitgliede frei, und wird ohne Rücksicht der Person oder Partei des Antragenden nach Verdienst gewürdigt werden, da aller Unterschied von Ministerial- oder Oppositionspartei bei Verhandlungen der Art wegfällt, wobei die Minister selbst häufig ganz verschiedener Meinung, jeder nur seiner individuellen Ueberzeugung folgt. — Man erinnert sich wie heftig, unter vielen andern, bei den Debatten über den jetzt abgestellten Sklavenhandel die Minister Pitt und Wyndham einander widerstritten *).

Das Parlament aber ist diejenige Behörde, welche das große Ganze der Verwaltung leitet. Die wesentlich nothwendigen Einwirkungen wohlgeordneter Regierungen, welche in dem Geschäftsregister des Geheimen Raths und des Polizeiministers eben vermißt sein mögen, gehen von des Parlaments aufsehender — sogar in gewisser Art ausübender — und gesetzgebender Gewalt aus. Es kann alle Staatsbeamte zur Verantwortung ziehen, das Unterhaus förmliche Anklage derselben (impeachment) bei dem obersten Gerichtshofe des Reichs, dem Oberhause, anbringen; jedes Haus ist selbst Richter seiner die Sitte und Ordnung in den Verhandlungen verletzenden Mitglieder, und anderer Personen, welche sich gegen die Achtung und Würde, die Privilegien desselben, oder gegen einzelne Mitglieder als solche, vergangen haben: es entscheidet in den Wahlstreitigkeiten; es kann die Vorlegung aller Papiere, Verhandlungen, Rechnungen, welche die Staats-Verwaltung im Ganzen und in Theilen betreffen, erfordern, oder Ausschüsse ernennen um solche einzusehen, und einzelne Verwaltungszweige einer Untersuchung zu unterwerfen; es kann auch allgemeine Berichte erfordern, wie neuerlich über die Armensteuer, Volkszählung u. s. w.; es kann Jeden vor seine Schranken fordern, sowohl um seinen Ausschüssen, als um dem ganzen Hause mündliche

*) S. auch v. Archenholz II. S. 158.

Auskunft über Gegenstände der Verwaltung zu geben, und auch das letztere geschiehet häufig bei allgemein wichtigen Dingen; es ist aber ganz vorzüglich wirksam und thätig in der Ordnung neuer, Verbesserung oder Aufhebung alter Gesetze. Alle allgemein verbindliche Vorschriften sowohl, als alle für einzelne Gegenstände, für den beschränkten Umfang bestimmter Orte, Gemeinheiten, Bezirke, bindende Anordnungen, und alle blos einzelne Personen, Korporazionen u. s. w. zu Ausnahme von allgemeinen Gesetzen oder von bindenden Privatverträgen, Statuten, berechtigende Bestimmungen *) nehmen im Parlamente ihren Ursprung, werden in beiden Häusern, von jedem besonders, erörtert; durch beider Vereinigung und des Königs Zustimmung zu Gesetzen (Acts of Parliaments) **) erhoben. Hiernach bestimmen sich der letztern verschiedene Gattungen: im parlamentarischen Sinn von private Acts als solchen, wofür Sporteln (Fees) bezahlt werden, alle woraus Individuen, Korporazionen u. s. w. einen Vortheil erlangen: im gesetzlichen Sinn aber von

1) public and general Acts, welche für das ganze Reich verbindlich sind, worauf und wonach die Richter erkennen, von denen sie offizielle Notiz nehmen müssen;

2) private Acts, welche auf die darin benannten Perso-

---

*) Z. B. Ehescheidung, welche in England nur vermöge eignen Gesetzes (Divorce Bill) erfolgen kann; Legitimazionen, Volljährigkeits-Erklärungen, Kapital-Aufnahme, Tausch oder Verkauf bei fideikommissarisch bestrickten Grundstücken (Estate bills) u. s. w., alle dergleichen wo die Erörterung von Privatrechten vorliegt, nehmen usuell im Oberhause ihren Anfang, welchem die Oberrichter als Consulenten beisitzen: so wie alle Money Bills, worin Geldaufbringung für öffentliche oder Lokal-Zwecke, auch nur Geldstrafen bestimmt sind, gesetzlich im Unterhause zuerst erörtert werden müssen, und vom Oberhause nicht modifizirt werden können.

**) Im gemeinen Leben wird Bill häufig für Act gebraucht, obwohl ersteres eigentlich den Gesetzesvorschlag, letzteres das wirkliche Gesetz bedeutet.

nen beschränkt sind, von denen der Richter keine Notiz nimmt, wofern nicht besonders darauf Bezug genommen wird (without pleading them): man nennt sie gewöhnlich personal Acts;

3) public Acts, welche eine private clause enthalten, d. h. welche generell für einen Ort und Bezirk sind, und zugleich das Interesse von Individuen berühren: sie werden auch public local acts genannt, und die Richter im Bezirke müssen sie kennen *).

Der Parlamentarische Gesetzgang bei Abfassung der Gesetze, ist an einem andern Orte **) so vollständig dargestellt, daß darüber wenig beizufügen bleibt. Wenn man indessen erwägt, wie viele Zeit die Diskussion der allgemeinen wichtigsten Staatsverhältnisse und der Finanzgegenstände hinweg nimmt, welche den beiden Parteien, des Ministeriums und der Opposizion, das Feld zur gegenseitigen Uebung ihrer Kräfte und Talente eröffnen; wie kurz die Zeit der jährlichen Sitzung zu sein pflegt; wie groß der Umfang der übrigen Geschäfte ist, und mit wie vieler Umständlichkeit jede einzelne Sache behandelt, in dem Hause wo sie anhebt fünfmal in abgemessenen Fristen zur Sprache gebracht, jede daneben von einem eigenen Ausschusse erörtert wird: so scheint es wohl allerdings räthselhaft, wie es da möglich, die Masse der Gesetze jährlich im Durchschnitt ***) um 200 Bogen (eng in Folio) allgemeine (public

*) Von den public general acts werden 3500 Exemplare an alle Behörden vertheilt, von den andern nur 200 Exemplare zum Gebrauche der eigentlichen Regierungsbehörden (Offices), die Publikazion ist noch unzulänglicher als in Frankreich; man kann sie indessen alle einzeln zu Kauf erhalten, auch existirt eine vollständige alle allgemeine Gesetze umfassende Sammlung: The Statutes at large, welche jährlich fortgesetzt wird.

**) Schmalz S. 91—109.

***) Dieß war vor der Union von Irland, und ist also jetzt noch sehr verstärkt; die 4000 Bogen local acts von zehn Jahren enthielten 460 Akten über Wege und Brücken, 318 über Gemeinheitstheilungen und Entwässerungen, 145 über Kanal- und Hafenbau, 186

general) Justiz- Polizei- und Finanz-Gesetze, und 400 Bogen Orts-Gesetze (public local acts) zu vermehren, daneben noch 300 personal acts zu verfassen! Wer nie eine englische Parlaments-Akte gesehen, möchte sich leicht einbilden, daß bei ihrer Anfertigung sehr eilfertig und oberflächlich verfahren werde, daß sich auch überall keine gründlichen Arbeiten von wenigen unbeamteten, unbezahlten Männern, die der Zufall zu einem Ausschuß (select oder special committee) zusammenführt, erwarten lassen: aber so wenig das eine wie das andere ist der Fall; diese Gesetze stellen vielmehr Muster dar, sowohl der pünktlichsten, selbst peinlichsten, den fremden Geschäftsmann durch anscheinende Weitschweifigkeit *) höchst ermüdenden Genauigkeit, als der zweckmäßigsten Bestimmungen für die praktische Anwendung: und die Ausschüsse verfahren mit der größten — gewiß übertriebenen und wohl mitunter selbst nachtheiligen — Umständlichkeit in Erörterung der faktischen, das Gesetzesgesuch begründenden Umstände. Diese müssen sämmtlich im Wege der englischen Beweisführung durch persönliche Vernehmung vor ihnen dargethan werden, und dieß beschränkt sich nicht allein auf den Ausschuß des Hauses wo die Bill zuerst eingeführt wurde, sondern es wird solche bei dem Uebergange ins andere Haus einem neuen Ausschuß desselben übergeben, und dieselbe Operazion mit derselben Umständlichkeit (im Oberhause, wo einige Oberrichter demselben beigeordnet zu werden pflegen, noch mit besonderer Strenge) wieder erneuert. Aber möglich wird es,

---

über Kirchen, Erleuchtung, Pflasterung und andere Parochial-Verschönerungen — überall 1109, oder auf das Jahr 110. S. Report from the committee of statutes 1796.

*) Diese ist aber in England, wo man sich so strenge an die Worte bindet, wo man nicht mit Gesetzes-Deklarazionen spielt, sondern verlangt das Gesetz solle alle Fälle vorsehen, ganz unvermeidlich: auch der großen Unkosten wegen, welche für die unbedeutendste Erweiterung oder Erläuterung der ältern, einer ganz neuen Akte beinahe gleich laufen und immer 100 L. übersteigen.

durch vielfache Hülfsmittel, welche der große Drang der Geschäfte, die tief begründeten Prinzipien der Gewissenhaftigkeit, der Arbeitstheilung und der möglichsten Zeit-Ersparniß allmählig von selbst, wie das Bedürfniß entstand, an die Hand gegeben haben, indem

1) jeder Vorschlag, jedes Gesuch um ein Gesetz, mit einem ausführlichen schriftlichen Entwurfe dazu begleitet sein muß; dieser muß vollständig alles darlegen, was dem Ausschusse wissenswerth sein möchte *); demselben ganz vorarbeiten; der Nachsuchende auch alle Beweismittel zur Stelle bereit halten: er würde sonst ein ganzes Jahr an Zeit und sehr viele Kosten verlieren, denn wenn nicht in derselben Sitzung des Parlaments die Akte fertig wird, so muß das ganze Geschäft in der folgenden wieder von Anfang an neu beginnen **); der künftige Ausschuß nimmt von den Vorarbeiten eines frühern keine Notiz und kann es auch nicht, weil keine Akten darüber gesammelt werden: so ist gesichert, daß kein Gesuch vorgebracht wird, welches nicht schon ganz vollständig vorbereitet wäre;

2) indem jeder Vorschlag, sobald die Erlaubniß zum Einbringen ertheilt ist, und vor dem ersten Lesen, abgedruckt und jedem Mitgliede ein Exemplar zugestellt wird; eben so die Verbesserungen und Bemerkungen des Ausschusses darüber und der von demselben nach vollendeter Diskussion rektifizirte,

*) Jedes Haus hat auch gewöhnlich durch einige Geschäftsregeln (standing Orders of the House) bestimmt, was bei den verschiedenartigen Gesuchen beachtet und wie sie substanziirt sein sollen, z. B. eine Kanal-Bill (Gesuch) soll von einem Riß und Kostenanschlag begleitet sein; der Ausschuß erörtert solchen erst, nachdem er drei Tage zuvor vertheilt, zu Hause erwogen worden u. s. w.

**) Dieses findet auch statt, wenn ein Gesetzesgesuch beim ersten Antrage, oder auf irgend einer Stazion der Verhandlung, verworfen wäre (is thrown out, and lost): es kann jedoch in jeder folgenden Sitzung von neuem angebracht werden.

vollständige Entwurf *); dadurch wird es möglich das Lesen auf die bloße Aussprache des Titels zu beschränken, z. B.: An Act for making a Railway from Wandsworth to Croydon: der Inhalt ist allen Mitgliedern im vollständigen Umfange bekannt; er kann es wenigstens allen sein, welche die Sache interessirt und welche dabei etwas zu erinnern gefunden; so wird nicht allein die Zeit des Vorlesens gewonnen, sondern auch manche unfruchtbare Kleinigkeitskrämerei, gewöhnliche Folge verworrener Begriffe aus unvollständiger Ansicht, entfernt gehalten;

3) indem die Vertheilung an Ausschüsse, — wozu unter den vielen Mitgliedern sich immer genugsame Bereitwilligkeit, auch die Gelegenheit findet, durch schickliche Zusammenstellung verschieden begabte Männer thätig oder ihre Trägheit unschädlich, und jeden nutzbar zu machen, — nicht allein abkürzt, sondern auch die ruhige reifliche Erörterung selbst befördert, welche vor dem großen Körper bei minder wichtigen Gegenständen nicht versichert, so wie es daselbst auch nicht möglich sein würde viele ausgezeichnete, nur durch Rednertalent nicht unterstützte Kräfte den Sachen nutzbar zu machen;

4) indem die Ordnung des Tages für jedes Geschäft eine gewisse Zeit bestimmt, wo es vorgenommen werden soll: dadurch wird erreicht, daß man zu einer Zeit nicht überladen, zur andern ganz geschäftslos ist, daß sich die Arbeit nicht dränget, daß auch die unbedeutendste Sache ihre Zeit findet und unter den wichtigern nicht verloren gehen kann, und da diese Zeit bekannt ist, jedes Mitglied welches darüber spre-

*) Eben so auch alle von dem Hause, wie vorher bemerkt, erforderten Nachrichten und schriftliche Auskunft, welche, wenn sie einkommen, auf dem Tische niedergelegt werden (ordered to lie on the table), um jedem Gelegenheit zu geben, nach vorheriger Anzeige, Vorträge darauf zu begründen.

chen will, sich darnach einrichten, vorbereiten, den Tag nicht versäumen mag *). Des Präsidenten (Sprecher, Speaker) Sache ist es die Tagesordnung zu behaupten, für deren Feststellung bei jedem Gegenstande zu sorgen, so wie derselbe auch bei Anordnung der Ausschüsse vorzüglich thätig ist;

5) indem auch bei dem Abstimmen ein sehr kurzes Verfahren statt findet; es wäre in der That ein höchst undankbares Geschäft, über jede Bill, fünfmal im ersten, dreimal im zweiten Hause, förmlich abzustimmen, daher jetzt der Sprecher, nachdem der Sekretär (Clerk) den Titel abgelesen, blos ausruft: „wer dafür, der sage Ja!" und nach kurzer Pause: „wer dagegen, sage Nein!" und wenn keine Aeusserung erfolgt, das erstere annimmt, in der Erklärung: „die Ja's überwiegen" (the Yea's have it); so kann ohne Jemandes freie Einsprache zu hindern, mit unglaublicher Schnelligkeit über viele Bills abgestimmt werden.

Auf solche Weise wird es allerdings möglich, in weniger Zeit viele und wichtige Geschäfte zu beschicken und doch allem Nachtheil übereilter Behandlung vorzubeugen; daß aber das Parlament nicht mit häufigen Beschwerden oder Rückfragen behelliget werde, welche letztere immer, in Form einer Bill eingekleidet, wieder denselben Gang durchlaufen müssen, diesem wird dadurch entgegen gearbeitet, daß auch in die Parlaments-Akten selbst solche Bestimmungen gelegt werden, die eine stillschweigende Kontrolle ihrer Anwendung begründen (wie mehrere solche

*) Auch das Publikum nimmt von der Tagesordnung sorgfältige Notiz; Niemand thut einen vergeblichen Gang, jeder weiß genau, wann die ihm interessanten Verhandlungen an die Reihe kommen, und an Tagen, welche wichtigen Gegenständen bestimmt, ist daher immer großer Zulauf gewiß, auch für viele Redner eine große Aufmunterung. Selten wird die Verhandlung aufgeschoben (postponed), gewöhnlich nur wegen Krankheit der Mitglieder, welche sprechen wollen, auf vorhergehenden besondern Antrag und Bewilligung.

früher bemerklich gemacht sind), auf jeden Fall diese dem Publikum versichern, oder den zu ihrer speziellen Wahrnehmung benannten Personen das Recht geben, sich durch eigene Wahl zu ergänzen. Daneben hütet man sich auch weislich, allgemeine Gesetze zu geben, die nicht allgemein anwendbar wären *): überall wo Lokalumstände wesentlich einwirken, ist davon keine Rede; das eigene Bedürfniß der Einwohner mag sie hervorrufen und selbst die bedingenden örtlichen Verhältnisse angeben: wenn es daher an allgemeinen örtlichen Bestimmungen häufig fehlt, so müssen dagegen die local acts desto zweckmäßiger sein, und sie sind es in der That.

Der Geschäftsgang in den Ausschüssen endlich (wozu im Unterhause die Gegenwart von 8, im Oberhause von 5 der immer in größerer Anzahl beauftragten Mitglieder erfordert wird) bestimmt sich dahin, daß sie in den nächsten drei Tagen zur Wahl eines Chairman (Vorsitzer, Präsidenten) schreiten und den Tag der ersten Sitzung innerhalb der folgenden 8 Tage bestimmen müssen. Dieser wird durch kurzen Anschlag im Vorhofe des Hauses bekannt, die Bill zuerst ganz durchgelesen, dann theilweise erörtert; wenn es einen allgemeinen Gegenstand betrifft, noch etwa Auskunft schriftlich und mündlich von sachkundigen Leuten eingezogen; wenn es eine Lokal- oder Personal-Sache ist, die Richtigkeit der Unterschriften, jedes darin vorkommenden Namens und faktischen Umstandes durch mündliche Vernehmung konstatirt **); bei jenen vornehmlich ob

---

*) In andern Ländern ist es bei solchen allgemeinen Bestimmungen dem Minister überlassen, für die Anwendung besondere Reglements abzufassen, nach denen dann wieder die untern Behörden die wirkliche Ausführung, durch eine dritte Auflage, bestimmen; doch ist dieses noch immer besser als lauter allgemeine Bestimmungen, von denen auch wie in England nicht ohne besondere Deklarazion abgewichen werden darf, welche für alle Orte passen sollen, daher eigentlich oft nirgends ausführbar sind.

**) In der Folge wird es sich in Beispielen darlegen, mit welchem unauch die Absicht ein solches Gesuch anzubringen, an dem betreffenden Orte und in der Gegend zeitig und deutlich, durch Anschlag und Zeitungen, zur Notiz aller Einwohner gebracht worden, welche dabei ein Interesse haben könnten? Dann wird zu den etwanigen Zusätzen und Verbesserungen geschritten — diese dürfen nicht neben oder übergeschrieben, keine Sylbe in der Bill darf radirt, alles muß besonders niedergeschrieben werden — über jede einzeln, zuletzt über das Ganze wird abgestimmt, der von dem Chairman verfaßte Bericht dem Parlament vorgetragen, oft aber aus diesem an den Ausschuß zur abermaligen Prüfung zurückgeschickt (recommitted), so wie alle etwa dem Parlamente eingereichte Gegenvorstellungen. Ein Parlamentsschreiber verrichtet alle Schreiberei, von Diäten für den Ausschuß ist keine Rede, obwohl die brittischen Parlamentsglieder bekanntlich keinen Gehalt, kein Emolument ausser der Portofreiheit, genießen. Die sehr bedeutenden Sporteln beziehen der Sprecher und die Subalternen.

So hat sich, ohne eigentliche bestimmte Vorschrift; die Ordnung der Verhandlung nach dem Zeitbedürfniß von selbst gebildet. Die aufsehende Gewalt des Parlaments, eines so großen sehr beschäftigten Körpers, ist an sich nicht so beschwerlich, nicht so furchtbar für den einzelnen Beamten, als es die Kontrolle untergeordneter Regierungskollegien und noch vielmehr allein stehender Oberbeamten häufig wird, welche Persönlichkeiten, die Sucht sich geltend zu machen, und die fast noch

---

geheuern und größtentheils unnützen Kostenaufwande dieses verknüpft ist: viele nützliche Einrichtungen können diese nicht tragen, müssen daher unterbleiben, z. B. die Herbeischaffung und Unterhaltung in London von 50 bis 100 auch mehrern Zeugen von entfernten Orten auf vielleicht 6—8 Wochen, welche doch darüber hingehen bis beide Ausschüsse ihre minuziösen Untersuchungen beendigt haben; aus Irland läßt man indessen jetzt schriftliche gerichtliche Erklärungen (Affidavit, Protokolle) zu, auch neuerlich bei allen Gemeinheitstheilungsgesuchen.

gefährlichere Leidenschaft des Regierens leicht in Bewegung setzen; sie kann auch nur den schlechten Beamten treffen und beunruhigen, der aber ohnedem, wo Publizität und Gemeinsinn regieren, sich nicht lange behaupten kann.

Die gesetzgebende Gewalt dagegen beschränkt die öffentlichen Beamten in Großbritannien ausserordentlich, indem sie sich sehr weit über die in allen andern Ländern gewöhnlichen Schranken ausdehnt; sie benimmt jenem gänzlich die Befugniß, in seinen verwaltenden und strafenden Verfügungen das Gesetz irgend zu überschreiten: nur in den Gränzen der wörtlichen Bestimmungen mag er frei wirken, keine angebliche Rücksicht des allgemeinen Wohls eine Ueberschreitung rechtfertigen *); dagegen wird von derselben sehr vieles über Sitten- Kirchen- Gewerbe-Polizei bestimmt und regulirt, was mit den Elementen der bürgerlichen Freiheit und mit den Prinzipien einer geläuterten Nazional-Oekonomie (und dem Systeme von Adam Smith) geradezu im Widerspruche stehet **). Das erstere rechtfertiget unstreitig die heilige nicht zu beseitigende Rücksicht der nie beamtlicher Willkühr preis zu gebenden Freiheit und Eigenthumsrechte; es bleibt doch immer dem Gegentheil weit vorzuziehen: bei dem letztern dagegen scheint es fast, als habe man die praktische Unmöglichkeit fester unveränderlicher Gränzbestimmung zwischen der Befugniß des Staats und der Individuen-Freiheit eingesehen; wie die Zwecke des erstern nicht

*) Auch im Preußischen Staat gelten diese wohlthätigen Bestimmungen; selbst die höhern Behörden dürfen ohne Genehmigung des Staats-Oberhaupts keine allgemeine Strafbestimmungen anordnen.

**) Es ist auch offenbar nachtheilig und drückend, daß die ausgedehnte Masse von Gegenständen der Privat- und Personal-Akten im Parlamente, mit so viel Kosten und Umständen ihre Erledigung suchen muß, und jede Ausnahme ein eigenes Gesetz erforderlich macht; es ist aber ganz in der Verfassung gegründet und in dem Mangel einer Behörde, z. B. eines Justizministers — dem solches verantwortlich übertragen werden könnte.

zu erreichen sind ohne die letztern häufig zu beschränken. — Indem man es aber hiermit im Allgemeinen so ängstlich nicht genommen, hat man den Individuen dadurch wiederum gleichsam einen Ersatz geben wollen, daß man ihnen selbst die Ausführung dieser vielfach beschränkenden Bestimmungen übertragen und die Regierung feierlich aller direkten Einwirkung entschlagen hat, und es ist gar nicht zu läugnen, daß, so wie der Mensch die Abgaben williger zahlt, welche er glaubt sich selbst aufgelegt zu haben, eben so erduldet er auch Beschränkungen leichter, bei denen er in dem Glauben durch seine Repräsentanten selbst mitgewirkt zu haben, durch die ihm übertragene Ausführung, wenigstens Kontrolle, noch bestärkt wird.

Es ist indessen auch sehr vieles in Großbritannien einzig den Einwohnern selbst übertragen, welches in andern Ländern, mehr oder weniger, die Regierungen sich und ihren angeordneten Beamten vorbehalten haben.

Die Verwaltung des innern Haushalts der größern und kleinern Gemeinden, Korporazionen, viele andere Gegenstände und Verhältnisse des bürgerlichen Lebens und allgemeinen Interesses, werden von den Einwohnern selbst, in bald näherer bald entfernterer, oft in gar keiner Verbindung mit den früher genannten aus ihrer Mitte entnommenen öffentlichen Beamten, wahrgenommen: noch andere lediglich dem Privatinteresse einzelner Individuen überlassen.

1) Die Lokalverwaltung in den (größern Gemeinden) Städten kennt gar keine allgemeine Regel; sie ist überall verschieden an den einzelnen Orten, zuweilen wie in Westminster und in andern neuern sich ohne Maaß und Ziel fortschreitend erweiternden Städten verschiedenartig selbst in den einzelnen Kirchspielen (Parishes), die alle für sich, ohne ein alle zusammenhaltendes Band, bestehen und regieret werden *). Oft giebt

---

*) In England wird kein Nachtheil hieraus bemerklich, aber im All-

ein alter königlicher Gnadenbrief (Charter) die nähere Bestimmung, oder die Kirchspiele sind durch Parlamentsakten, welche die innere Verfassung reguliren, inkorporirt, oder Zufall oder Herkommen haben sie ohne eins oder das andere gebildet, wie von London selbst; nur das haben sie alle gemein, daß die Regierung sich gar nicht darum bekümmert *). Gewöhnlich wählt die Masse der angesessenen Einwohner, oder ein Ausschuß derselben, die Personen für die innere Verwaltung der Gemeinde, den Bürgermeister (Mayor auch Bailiff: in London und York Lord Mayor), den Kämmerer (Chamberlain), die Rathsherren (Aldermen), den Stadt-Sekretär (Town-Clerk) und die Bürgervorsteher (Common Council, Commoners, Burgesses): das Amt des erstern dauert nur ein Jahr, das der andern ist keiner Regel unterworfen; auch die Benennungen sind nicht überall dieselben, so wie die Geschäftsvertheilung in Kommitteen unter ihnen sehr verschieden; oft wird auch der Mayor wie die andern Rathsglieder von den übrigen Mitgliedern unter sich erwählt, zuweilen von obern geistlichen Behörden; die Führung und Rechtfertigung der Rechnungen ist auch abweichend, so wie die Ausschreibung der Gemeindesteuern, und die Konkurrenz der Bürger bei dem einen oder andern. Der Magistrat kann Willführen (bylaws) für die innere Verwaltung machen, welche auch vor Gericht völlige Kraft haben, wofern sie den Landesgesetzen nicht widerstreiten **). Ist die Stadt eine County für

---

gemeinen möchte es doch zweckmäßiger in vieler Hinsicht sein, die mehrern einen Ort konstituirenden Kirchspiele durch ein gemeinsames Band, für einige gemeinschaftliche Zwecke, mit einander zu verknüpfen, wenn auch jedes seinen Haushalt für sich führt.

*) Daher ist auch die Form der Munizipalverwaltung an sich gleichgültig, und diese Verschiedenheit in Großbritannien nicht von dem praktischen Werthe welchen Schmalz S. 114 darin setzen will.

) Eben diese Befugniß haben auch alle andere Korporazionen und Sozietäten, unter der gleichen von selbst redenden Beschränkung, ohne daß dergleichen Statute (ausser für die Volontärkorps) obrigkeitlicher Bestätigung bedürften: ein wesentliches Beförderungsmitsich selbst, so werden die Sheriff- und Friedensrichter-Aemter vom Mayor und einigen Aldermen, wie es der Freibrief oder das Herkommen ergeben, verwaltet, und von diesen Gericht gehalten gleich den andern Friedensrichtern, einzeln und in Quarter Sessions, letztere unter Zuziehung eines Rechtsverständigen (Recorder, Syndikus) *), welches zu dem Irrthum verleitet hat **), als übten die Magisträte vollständige Gerichtsbarkeit: nur in London und einigen andern Städten sind ihnen, ausnahmsweise, vermöge besonderer gesetzlicher Verleihung, einzelne Zweige der Civil-, nirgends die Kriminalgerichtsbarkeit, verliehen *): es werden vielmehr von den reisenden Oberrichtern, wie in den wirklichen Grafschaften, zweimal jährlich eigne Assizes in diesen Städten gehalten; nur die Sheriffs haben dort gewöhnlich die, früherhin allen gemeinen, Gerichte in kleinen Civilsachen noch beibehalten; auch sind in den größern Städten eigne Personen zu Sheriffs bestellet neben den Mayors.

2) Die innere Verwaltung der ländlichen Ge-

tel der nützlichen Sozietätsverbindungen, denen England so viel verdankt, und gewiß überall die Anmaßung der Obrigkeiten, alle dergleichen bekräftigen und meistern zu wollen, eben so überflüßig als abschreckend und verderblich!

*) Diese wohnen gewöhnlich in London und reisen nur viermal im Jahre auf einige Tage in die Städte, denen sie in dieser Art bedient sind, um die Sessions abhalten zu helfen; sie erhalten nur unbedeutendes Gehalt, der Posten wird aber doch gesucht, wegen der Verbindungen welche er schafft.

**) Schmalz S. 143. 151.

***) Auch sind bei erstern solche Untergerichte auf Schuldforderungen von 40 Schill. bis höchstens 5 L. Sterl. beschränkt: dem jetzigen Geldeswerth und Verkehr, und den jetzigen bürgerlichen Verhältnissen höchst unverhältnißmäßig: alles was diesen Betrag übersteigt, gehört vor die Obergerichtshöfe ausschließend, wo die Kosten, wenn der Klage widersprochen, und dieselbe kontestirt wird, sich auf 50 L. wenigstens belaufen und bis zu dem Werthe von 10,000 L. dieselben bleiben! Dieß führt unsägliches Uebel unvermeidlich herbei (Colquhoun S. 584 ff.).

meinden (townships, vills, villages) so wie vieler neuern der angesehensten Städte, kennt keine Bürgermeister, Schulzen u. s. w., blos Konstabel und Friedensrichter führen das Regiment. Für Kirchen- und Armensachen sind besondere Vorstände, für die öffentlichen Heerstraßen eigene Aufseher; Gemeindegrundstücke, Kämmereien, sind selten bei diesen vorhanden; allgemeine Ausgaben werden aus dem Ertrage der Armensteuer mit bestritten; für die Bedürfnisse des städtischen Zusammenlebens, als da sind: Pflaster, Erleuchtung, Straßenreinigungskanäle, Nachtwachen, Trinkwasserzuleitung, Fiakres u. s. w. wird nach den vorhandenen Lokalparlamentsakten *) von den darin bestimmten, sich immer durch eigne Wahl neuer Mitglieder in sich selbst propagirenden Kommissarien, gesorgt: eben so finden sich an mehrern Orten die S. 18 erwähnten Annoyance Jurys, und in gleicher Art sind in Städten und auf dem Lande Commissioners of Sewers aus den Einwohnern angeordnet, welche die Anlage und Reinigung der Straßenabzüge besorgen; die Konstabel und Friedensrichter treten nur bei Mißbräuchen und Nachlässigkeiten hinzu; alles geht den besten Gang, und es ist gewiß in keinem Lande eine allgemein bessere Polizei **) als in

---

*) So wie in solchen Fällen die einzelnen Wohnungen, oder, wie es gewöhnlicher ist, die von Entrepreneurs auf Spekulazion erbauten Häuserreihen und Straßen, sich nähern und vermehren, und die Bewohner das Bedürfniß von gemeinsamen, alle verpflichtenden, städtischen Einrichtungen empfinden, verabreden sie unter sich den Plan und die Aufbringungsweise der dazu erforderlichen Beiträge, und suchen beim Parlamente dessen gesetzliche Bestätigung durch eine Local Act nach. Mit der kirchlichen Einrichtung hat dieses gar nichts zu thun, es sind oft sehr viele Kirchen in einer Parish, die kirchlichen Sozietäten entstehen gewöhnlich etwas später, auf dieselbe Weise, durch besondere Akten (Church Acts). Ein Muster zweckmäßiger Bestimmungen der innern Polizei, vornehmlich größerer Städte, giebt die für die Stadt London im Jahre 1771 erlassene, 1793 noch verbesserte Akte (11 G. III. c. 29 u. 33 G. III. c. 75), nicht weniger die Bau-Polizei Akte (14 G. III. c. 78).

**) Wohlgemerkt allgemein, für alles was man im gemeinen Leben

Großbritannien. Der Konstabel, oder wer sonst für das Kirchspiel Ausgaben gehabt, welche keinem besondern Fonds angeeignet sind, übergiebt die Rechnung dem Armenvorstande, welcher sie binnen 14 Tagen den beitragenden Gemeindegliedern vorlegen, und was deren Mehrheit als schuldig genehmigt, auszahlen, wenn sie solche ganz oder zum Theil verwirft, dieselbe dem Rechnungsstellenden zurückgeben muß. Dieser kann sodann nach vorheriger Benachrichtigung des Armenvorstandes an einen Friedensrichter rekurriren, der nach gehöriger Erörterung bestimmt was zu zahlen ist, welchem dann sofort vom Armenvorstand genügt werden muß, dem jedoch überlassen ist, von solcher Bestimmung an die Sessions zu appelliren. Für ländliche Gegenstände hält der Herr des Manors jährlich einen Court Baron (einziges Ueberbleibsel der alten Patrimonialgerichte), eine Vereinigung seiner Pächter und Hintersassen (Tenants) unter eignem oder seines Oberverwalters, Rentmeisters (Steward) Vorsitz, um Hude- und Triftsachen in den Gemeinheiten, Anordnung von Hirten und andere Gegenstände der kleinern Feldpolizei (predial rights), Grenzstreit, die Uebertragung der Güter an Erben verstorbener Pächter, unter sich abzumachen, auch solche durch Statuten zu regeln. Hier hat jeder Tenant eine Stimme; betrifft es die Entscheidung eines Streits oder Strafen, so wird aus ihnen eine Jury gebildet, und dabei von dem Steward der Richter vorgestellt.

3) Zur Verwaltung des Kirchenvermögens und des Armenwesens sind in jedem Kirchspiele eigne Vorstände aus der Gemeinde: Kirchenvorsteher, Aeltesten (Churchwardens) und Armenväter (Overseers of the Poor) bestimmt.

Die ersten, gewöhnlich zwei, werden jährlich vom Pfarrer und der Gemeinde (wenn diese sich nicht einigen können von

---

unter dem Worte Polizei zu begreifen pflegt, mit Ausschluß der Medizinal- Schul- und mehrerer Zweige der Sicherheits-Polizei.

jedem Theile einer) erwählt *); sie verwalten das Kirchenvermögen, sind persönlich verantwortlich für die gute Unterhaltung der Kirche, Kirchhöfe, Kirchwege; aber auch befugt, Gemeindezusammenkünfte zur Berathung nothwendiger Anordnungen, und zur Einwilligung der Kostenbeiträge (Church rates) zu veranlassen. Hier stimmt jeder Beitragende. Die Repartizion erfolgt auf alle Grundbesitzungen nach dem Ertragswerth (by the pound rate) nicht nach dem Ackermaaße, und die Appellazion der sich dabei durch zu hohen Ansatz, durch Uebergehung anderer Pflichtigen, durch überflüßige Ausgaben beschwert glaubenden Personen, gehet an die geistlichen Gerichte. Auch üben sie die Kirchenpolizei während des Gottesdienstes, können eine Strafe von 12 P. von Personen, welche Sonntags die Kirche versäumt, einziehen **), verwalten das Pfarrgut bei Erledigungen, beachten die richtige Führung des Kirchenbuchs, sind durch Eid verpflichtet, jährlich dem Bischof alle Vergehungen der Prediger und Pfarrgenossen anzuzeigen, welche die kirchlichen Gesetze ihm unterwerfen, und bringen in Konkurrenz mit dem Konstabel manche Statute der Sittenpolizei, und in Konkurrenz mit den Armenvätern die Armenpolizeigesetze in Ausübung. Am Ende des Jahrs müssen sie dem Pfarrer und Pfarreingesessenen Rechnung legen von allem empfangenen und ausgegebenen Gelde, und werden darüber von ihnen entbunden, nachdem solche zu Jedes Einsicht eine Zeit lang offen gelegen hat ***).

---

*) Dieß ist mehr ein Kommunal- als Kirchenamt. Daher auch auf die Konfession dabei gar nicht geachtet wird, und selbst Juden solches als Gemeindeglieder, wenn sie gewählt werden, übernehmen oder 15 L. St. Strafe erlegen müssen.

**) Diese Strafbestimmung rührt aus ältern Zeiten her, da wahrscheinlich die Kirchen weniger zahlreich besucht wurden als gegenwärtig, wo es sehr schwierig sein würde, bei der starken Konkurrenz aller Stände zu den sonntäglichen Gottesverehrungen, die wenigen einzelnen Ausbleibenden zu bemerken, zumal das Gesetz es jedem frei läßt welcher Kirche er beiwohnen will.

***) Diese Offenlegung der Rechnungen zu jedes Interessenten Einsicht

Zu Armenvätern werden in der Osterwoche von zwei Friedensrichtern, aus der von den abgehenden Armenvätern ihnen eingegebenen Liste der dazu geeigneten Personen, wenigstens zwei und nicht über vier, im Orte wohnende, vermögende (substantial householders) Mitglieder des Kirchspiels angeordnet, deren Amt ein Jahr dauert. Finden sich die Angeordneten durch die Wahl beschwert, oder findet die Gemeinde etwas dagegen zu erinnern, so können sie an die Sessions rekurriren. In größeren Kirchspielen können auch mehrere Abtheilungen und für jede besondere Armenväter bestimmet werden. Diesen ist die ausgedehnteste Fürsorge und Aufsicht über alle Kirchspielsarme, und dafür vorhandenen Arbeitshäuser u. s. w. übertragen; jeder Arme den sie hülflos lassen, wendet sich an einen Friedensrichter; dessen Bestimmung sodann absolut bindend ist, und welcher auch die Armenväter für Nachlässigkeit bestrafen kann. Sie fertigen die Repartizion der Beiträge, welche auf alle Einwohner, auch Korporazionen, Kanalsozietäten u. s. w. im Verhältniß ihres ertragbaren Vermögens gleichmäßig vertheilt werden sollen; und erheben solche, nachdem sie von zwei Friedensrichtern genehmigt, und zu Jedes Einsicht offen gelegt worden; auch davon kann an die Sessions appellirt werden (jedoch ohne

---

und genauester Erörterung, kürzt nicht nur die Rechnungsabnahme sehr ab, welche sonst vor einer großen Anzahl Menschen fast unmöglich oder eine leere Formalität sein würde, sondern schafft auch eine Kontrolle, wirksamer und treffender als alle andere Maaßregeln, die Ordnung und Redlichkeit der Rechnungsführer zu versichern: denn diesen Beurtheilern kann nicht leicht das unbedeutendste Versehen unbemerkt bleiben, eben so wenig aber lassen sich von ihnen unpassende Erinnerungen erwarten, da sie die Lokalpreise, die Art und Umstände der Verwendung kennen, besser als eine entfernte Oberbehörde: und zu Schikanen kann eine solche Offenlegung nicht füglich gemißbraucht werden, weil bei der nachfolgenden allgemeinen Erörterung die Stimmen der rechtlichen gutgesinnten Theilnehmer doch überwiegen oder die Autorität unparteiischer Friedensrichter hinzutreten wird.

suspens), denen es freistehet die ganze Repartizion zu verwerfen (to quash) oder solche nur in Ansehung einzelner Ansätze durch Ermäßigung zu hoher oder Einfügung vergessener Beiträge zu berichtigen. Von allem erhobenen oder ausgegebenen Gelde legen sie 14 Tage nach Ablauf ihres Dienstjahres ihren Nachfolgern Rechnung ab, deren Richtigkeit vor einem Friedensrichter zuvor beschworen, und von demselben geprüft und bezeugt worden ist, und welche demnächst zu Jedes Einsicht an einem öffentlichen Orte niedergelegt wird.

Neben dieser allgemeinen gesetzlichen Armenvorsorge ist für einzelne Klassen von Kranken und Hülfsbedürftigen jeder Art durch mannigfaltige besondere Institute gesorgt: welche größtentheils blos durch freiwillige Beiträge entstehen und bestehen, und durch diejenigen Beitragenden verwaltet werden, welche durch die höchsten Summen zur Stiftung oder zur jährlichen Unterhaltung, sich die ehrenvolle Würde eines Vorstehers auf Lebenszeit oder für Jahr (Governor for life oder for the year) verdienen; von diesen nimmt so wenig die Regierung als irgend ein öffentlicher Beamter als solcher die mindeste Notiz, und doch ist noch keines derselben untergegangen, sie vermehren, erweitern und verbessern sich vielmehr fortwährend, und die meisten stellen Muster des Vollkommensten ihrer Art dar *).

---

*) Diese Grundzüge der englischen Armenversorgung scheinen so angemessen, daß es auffallen mag, wie derselben dessenungeachtet so große Vorwürfe gemacht werden können? Diese treffen aber vornehmlich die allzuweite und ganz ausschweifende Ausdehnung des gesetzlichen Anspruchs der Armen auf Unterstützung, oder vielmehr völlige und überreichliche Unterhaltung, und sodann die Vertheilungsweise der Armensteuer lediglich nach Grundeigenthum: woraus die andern Uebel alle ihren Ursprung nehmen, welche es zu weit führen würde hier zu entwickeln, zumal es von keinem praktischen Nutzen sein dürfte, da hierin durchaus nichts nachahmungswerthes liegt. Wen der ungeheuere Betrag der Armen-Steuer (Poor Rates) (in England und Wallis 180$\frac{2}{3}$. 5,343,205 L. Sterl.) erschreckt, vergesse indessen auch nicht, daß der Tagelohn allgemein

4) So wie in Großbritannien alle Einwohner, sobald sie, wie vorbemerkt, von öffentlichen Beamten aufgerufen werden, öffentliche Geschäfte übernehmen und sogar selbst als Beamte für den Augenblick agiren müssen, so sind sie bei Geld= und Gefängnißstrafe auch verpflichtet, alle Verbrecher und Ruhestörer in ihrer Gegenwart zu verhaften *), auch bei ergehendem Aufruf (Hue and Cry) **) einen Räuber aufzusuchen und zu verfolgen, und so giebt es auch viele Gegenstände worin denselben richterliche Gewalt übertragen ist, ohne daß sie mit einem öffentlichen Amte irgend bekleidet wären. So fällen ganz allgemein in allen vor die gewöhnlichen Gerichte (die Geistlichen und Billigkeits= nach römischem Recht sprechenden Justizhöfe ausgenommen) kommenden Rechtsfällen in peinlichen und Civilsachen, die aus dem Volke entnommenen Schöffen (Jur-

---

unter seinem natürlichen Stande ist, daß er durch gesetzlose Mittel oder Unterstützung ergänzt werden muß, daß aber die Erhöhung desselben gescheuet wird, weil es nie mit den übrigen Preisen wieder herunter gehet, daher ein temporeller Zuschuß von denen welche der Tagelöhner bedürfen, vorgezogen wird: gewiß aber ist es, daß dieser Zuschuß sehr unzweckmäßig, planlos, verschwenderisch verwendet wird, daß die Abhängigkeit davon die Klasse der Tagelöhner erniedrigt.

*) Sehr zweckmäßig ist es unstreitig, diese negative Pflicht zur positiven Verbindlichkeit zu erheben, und, wie in England, deren Nichterfüllung mit bestimmten Strafen zu verpönen; auch die Preußische Gesetzgebung thut jenes in mehrern Fällen, aber sie leistet weniger dadurch, weil sie keine bestimmte Strafen ordnet.

**) Dieses war in frühern Zeiten eine sehr zweckmäßige Weise Verbrechern auf die Spur zu kommen: wem ausserhalb seines Hauses und am Tage Gewalt geschehen, benachrichtiget sofort unter Beschreibung des Thäters den nächsten Konstabel; dieser bietet die Einwohner auf um seinen Bezirk zu durchsuchen, und benachrichtiget die nächsten Konstabel zu gleichem Behuf; wird der Thäter nicht gefunden, so ist das Hundert verpflichtet, den Raub zu bezahlen. Jetzt wird selten davon Gebrauch gemacht, obwohl man noch immer Schadenersatz daher fordern kann, wenn man sogleich dem Konstabel den Fall angezeigt, eine Beschreibung des Thäters in die Zeitungen einrücken lassen u. s. w.

ors), welche in derselben Grafschaft ein jährliches Einkommen von 10 L. Sterling in England, 6 L. Sterl. in Wales, aus einem eigenthümlichen oder Erbzinsgut, oder von 20 L. über den Miethzins von Pachtland haben, und zwischen 21 und 70 Jahr alt sein müssen, über die faktischen Umstände das entscheidende Urtheil *). So sind an vielen Orten Gewissensgerichte (Courts of Conscience) für die leichtere Beitreibung von Bagatellschulden (for the more easy recovery of small debts) durch besondere Parlamentsakten, vornehmlich an ge-

*) Ueber den Werth der Schöffengerichte absprechen zu wollen, würde um so mehr vermessen sein für einen Laien in der Jurisprudenz, als deren altdeutscher Ursprung, deren unveränderte Fortdauer in Großbritannien, deren Uebergang in den Staat von Nordamerika und in alle britische Besitzungen, deren neuerliche Einführung in die Kriminalordnung Frankreichs und deren gleichmäßige Verbreitung in alle diesem Reiche unterthänige Länder, ein günstiges Vorurtheil für sie begründen muß. Aber schlicht bekennen darf ich, nach der in England geschöpften Ansicht von dem Verfahren mit Jurys in Civil- und Kriminalsachen, daß ich sehr vielmal lieber den Ausspruch über mein Leben und Eigenthum einem Preußischen Gerichtshofe, als einem brittischen Richter mit zwölf Schöffen unterwerfen möchte; daß mir diese Form unpassend scheint für den gegenwärtigen Zustand der Kultur in den meisten europäischen Staaten, in welchen wissenschaftliche Vorbereitung, Thätigkeit und unbestechliche Redlichkeit von den Richtern gefordert, durch angemessenes Einkommen, Prüfung und Kontrolle gesichert werden, und wo gegen ihre Irrthümer ein ordentlicher Instanzenzug Schutz gewährt; daß jedoch, wenn ich den Nachtheil ganz beseitige, welchem einzelne Individuen bei Schöffengerichten ausgesetzt sind, mir ein und allerdings ein sehr bedeutender Gewinn für das allgemeine Beste darin erscheint, daß dadurch sehr wohlthätig auf die Bildung des politischen Charakters gewirkt, den Menschen Gefühl ihrer Bürgerwürde und Gemeinsinn eingeflößt, sie zur nützlicheren und thätigeren Mitwirkung für allgemeine Zwecke in andern Geschäften angezogen werden können. Denn wer berufen wird die wichtigsten Interessen seiner Mitbürger als Richter zu entscheiden, muß sich selbst nothwendig achtungswerther erscheinen, und das Geschäft selbst prüft und bildet sein Urtheil. Aber dann muß das brittische Vorbild nicht blos in der Form, sondern in seinem ganzen Wesen nachgebildet werden.

werbereichen Orten errichtet, welche in einem bestimmten Bezirke über Schuldforderungen welche die Summe von 40 Shilling nicht übersteigen ohne Sporteln erkennen; sie können, bei auch durch Fristenbestimmung nicht zu hebender Zahlungsunmöglichkeit, bis zu 20 Tagen Gefängniß wenn die Schuld nicht 20 Shilling erreicht, bis zu 40 Tagen wenn sie 40 Shilling nicht übertrifft, verurtheilen, nach deren Ablauf aber die Schuldner entlassen, ohne Gebührenzahlung der Gefangenwärter; dazu werden die ersten Kommissarien durch die Akte genannt, nachher propagiren diese sich selbst; nur Leute von gesundem Menschenverstand, welche ein Grundeigenthum von 20 L. Sterling jährlichen Ertrages oder ein persönliches Vermögen (personal estate) 500 L. Sterl. an Werth besitzen, sind dazu erforderlich. So werden auch zu Bankerutkommissionen auf Aufrufung eines oder mehrerer Gläubiger von dem Großkanzler solche und so viele verständige rechtliche Männer angeordnet, als ihm gut dünken, und diesen ohne einige richterliche Dazwischenkunft das ganze Liquidazions- und Distribuzions-Geschäft übertragen *), mit ausgedehnter Gewalt, welche sich bis auf Inhaftirung von ihnen zur Auskunft vorgeladener und solche verweigernder Personen erstreckt. Diese Kommissäre erhalten 20 Sh. Diäten für jede Zusammenkunft, da es ein bloßes Privatgeschäft angeht. In gleicher Art bestellet auch der Großkanzler Kommissarien für Wahnsinnige und Unmündige. Auch ist in England jeder Grundeigenthümer zur Selbsthülfe befugt, nicht allein bei Beschädigungen von fremdem Vieh (damage feasant) zu dessen Einschüttung **), sondern auch für rückständige Miethe und Ab-

*) Der englische Gantprozeß kennt keine Klassifikazion der Gläubiger; auf betrüglichen Bankerut, und auf Entziehung oder Verheimlichung von 20 L. Werth der Masse haftet die Todesstrafe.

**) Das alte noch geltende common law bestimmt, daß der Grundeigenthümer das Vieh welches ihm Schaden zugefügt, in einen oben offenen Behälter (pound overt) einsperren soll; der Eigenthümer giften (rent arrear) von eines andern Gütern, zur eigenmächtigen Pfändung und Verkauf (distress) *); nur wenn in dem Hause, oder auf dem Grundstücke selbst keine Objekte sich befinden, und diese um der Pfändung auszuweichen in fremdes Verwahrsam gebracht worden, ist die Zuziehung eines Konstabels nothwendig; um jedoch allem Mißbrauch vorzubeugen, verordnen schon die ältesten Gesetze die Anordnung von Deputies for Replevin, welche nicht über zwölf Meilen entfernt von einander wohnen sollen, um dem Eigenthümer gegen gestellte Bürgschaft für richterliche Entscheidung die Pfandstücke wieder zurückzugeben; wird indessen dieses Replevin nicht binnen 5 Tagen gesucht, so können die Pfandstücke, nach vorheriger Abschätzung, unter Zuziehung eines Konstabels verkauft, und es muß der etwanige Ueberschuß vom Kaufgelde über Rückstand und Kosten, demselben für den Eigenthümer behändigt werden.

5) Auch alle Abgaben, die Zölle, Akzise, Stempel, Briefpost, Salz ausgenommen, werden von Männern aus dem Volke repartirt, firirt, erhoben, fast ohne einiges Zuthun der Regierung. Das Parlament bestimmt zu dem Ende mittelst der die Abgabe verordnenden Akte eine Anzahl mit bestimmtem Vermögen angesessener Personen in jeder Grafschaft (größtentheils aus den Friedensrichtern entnommen) zu Kommissarien der

---

muß davon alsdann auf seine Gefahr Notiz nehmen, ihm Nahrung geben, sich mit dem Beschädigten abfinden; es setzt voraus, der Eigenthümer werde sein Vieh schon suchen, dafür Sorge tragen: wo nicht, so möge er selbst die Strafe leiden. — Meldet sich dann Niemand, so wird das eingeschüttete Vieh (estray) ein Eigenthum des Lords of the Manor (aber erst nach Jahr und Tag und vorgängiger Bekanntmachung in der Kirche und in zwei Marktplätzen an Markttagen), dieser muß die Fütterung alsdann besorgen.

*) Eine gleiche Selbsthülfe hatte sich bis auf die neuesten, alle alte deutsche Sitte zerstörenden Zeiten, auch in Altwestphalen erhalten, wo die Rittergutsbesitzer, ungeachtet sie nur mit seltnen Ausnahmen Patrimonialgerichtsbarkeit besaßen, daher nicht als Ausfluß von dieser, das Recht hatten, liquide gutsherrliche Gefälle durch eigne Pfändung von den Pflichtigen beizutreiben.

Grundsteuer (Landtax), welche am 30sten April j. J. sich versammeln und nach gewissen Bezirken, von einem oder mehreren Hunderts, so vertheilen, daß für jede Abtheilung (Division) drei Kommissarien entstehen, — für jede einen Schreiber (Clerk) ernennen, — und den Beitrag jeder Division so wie solcher im Jahre 1692 regulirt, im Ganzen feststellen. In derselben Versammlung wird sodann von den Kommissarien jeder Division die Auswahl der zur Subrepartizion geeignetsten Personen (Assessors) getroffen, und diese angewiesen sich am bestimmten Orte und Tage vor ihnen zu stellen, wo sie alsdann vollständig über den Gegenstand und über ihre Obliegenheiten instruirt und vereidet werden. Die Assessors überliefern darauf in der dritten Zusammenkunft der Kommissarien ihre Subrepartizionsliste (Hebzettel) in Triplo, und präsentiren zwei oder mehrere zu Erhebern (Collectors) geeignete Personen: deren Kauzion (wenn es zwei Kirchenvorsteher oder sieben Einwohner des für solche haftenden Kirchspiels verlangen) berichtigt, denselben ein Hebezettel behändigt, und der Tag bestimmt wird, an welchem die Kommissarien alle Ausstellungen gegen selbigen erörtern wollen. Die Erheber machen dieses in ihren Bezirken bekannt, und legen den Hebezettel zu Jedes Einsicht und Abschrift vor *); wer über den eignen zu hohen Ansatz oder des andern zu niedrigen oder ganz übersehenen sich beschweren will, zeigt es schriftlich einem der Assessors an, damit derselbe zugegen sei bei Einbringung der

*) Eben so vortrefflich als die Offenlegung der Rechnungen für alle Interessenten, ist auch die Darlegung aller Abgaben-Anlagen zu jedes Kritik vor der Erhebungsautorisazion, die Bestimmung eines eignen Tages um alle Beschwerden zu prüfen, und die Ungültigkeit aller nachherigen Beschwerde: diese Kontrolle sichert zuverlässiger als die allersorgfältigsten gedruckten, oft blos geschriebenen, Vorschriften gegen Ungleichheiten und Bedrückungen. Auch in vielen andern Fällen, z. B. bei Anfertigung der Konskripzionslisten, der Listen von Schöffen (Jurymen) u. s. w. wird in ähnlicher Art verfahren.

Beschwerde, welche die Kommissarien erörtern, endlich entscheiden, und die Rolle berichtigen: von ihrer Bestimmung stehet nur dann noch ein letzter Rekurs an die Sessions offen, wenn Jemand der sich zur Stimmgebung bei der Wahl der Parlamentsglieder befugt glaubt, nicht dieser gemäß hoch genug in die Rolle eingetragen ist *). Die Kommissarien übernehmen zuletzt die vollständigen namentlichen Steuerrollen, und die Namen aller Assessors und Collectors der Generaleinnehmer der Grafschaft; ihr ganzes Geschäft ist in fünf Zusammenkünften (Meetings) beendigt; nur der Collector, der Clerk für alle Schreiberei, und der Generaleinnehmer werden mit resp. 3, $1\frac{1}{2}$, 2 P. im Pfunde belohnt (die ganze Hebung kostet also $2\frac{2}{3}$ Procent): alle übrige Personen handeln unentgeltlich.

In völlig gleicher Art wird auch mit der Imposition (Assessment) aller assessed Taxes auf Fenster, Häuser, Gesinde, Wagen, Pferde, Hunde, Haarpudergebrauchende und Wappen, Livreen (Armorial bearings) führende Personen verfahren, nur sind für diese noch besondere Kontrolleurs (Surveyors) von der Regierung bestellt und bezahlt, welche die Richtigkeit der Steuerrollen prüfen und Erhöhungen (Surcharges) vornehmen können, deren Bestätigung, und bei Widerspruch der Belasteten die Finalentscheidung, jedoch einzig den Kommissarien überlassen bleibt, denen die Regierung überall das unbedingteste Zutrauen beweiset.

Auch bei der großen Einkommensteuer, welche jetzt einen höhern Ertrag liefert als irgend eine andere Steuer in irgend einem Lande, findet dasselbe Verfahren im Wesentlichen statt, nur wird dabei eine größere Anzahl von Kommissarien

*) Zum Stimmrechte für die Grafschafts-Parlamentsglieder findet die allgemeine gleiche Qualifikazion eines freien Grundeigenthums von 40 Shill. reinem Ertrag statt; in den Städten aber welche Mitglieder wählen, ist die Qualifikazion sehr mannigfach verschiedenartig bestimmt.

erfordert, dagegen von diesen das Geschäft der Assessors mit versehen *). Von Todesfällen, oder sonstigem Abgange dieser verschiedenen Kommissarien, nimmt übrigens die Regierung gar keine Notiz; so lange ihrer noch drei vorhanden sind, füllen diese die Vakanzen, und gesellen sich andere Kommissarien nach eigner Wahl zu, welche sie selbst am geschicktesten und würdigsten erachten ihre Kollegen zu sein.

6) Viele andere Anstalten von großer Wichtigkeit und allgemeinenem Interesse, als da sind die großen Landesuniversitäten und Gymnasien, die Spezialanstalten für Bildung der Rechtsgelehrten, das Kollegium der Aerzte in London, die königlichen Sozietäten der Wissenschaften und der bildenden Künste, das brittische Museum, der Board of agriculture, das Trinity House (dem die Prüfung und Anordnung aller Lootsen, die Anlage und Unterhaltung von Leuchtthürmen, die Reinhaltung der Themsemündung und andere Schiffahrtsanstalten übertragen), bestehen und regieren sich selbst, nach Maaßgabe der dieselben konstituirenden Parlamentsakten: oder auch ohne solche, wie die wohlthätige Society for the encouragement of arts manufactures and commerce, und die vielversprechende Royal Institution, die Sozietät für Beförderung der Fischereien, und viele andere, als bloße Privatvereinigungen, nach eigenen Statuten, ohne alle weitere Einmischung der Regierung. So auch die Bank of England, die verschiedenen Handlungssozietäten: und bei dem größesten und ungeheuersten Privatinstitute in der Welt, bei der Ostindischen Kompagnie, welche die Landesregierung über 60 Millionen Menschen ausübt, hat man es allererst in neuern Zeiten nöthig erachtet, einige Regierungsbeamte anzuordnen **), die sich aber doch auch auf bloße Kontrolle beschränken.

---

*) Die Erhebungskosten dieser Steuer betragen nur ein halbes Prozent.

**) The Board of Controul for India Affairs.

7) Feuerassekuranz und jede andere Art von Versicherung, die Anlage von Chausseen, Kanälen, Brücken über Ströme, Entwässerungsanstalten, Verbesserung der Flußschiffahrt und Hafenanstalten u. s. w. sind lediglich der Privatindustrie verständiger patriotischer, vermögender Individuen, welche sich mehrentheils in Sozietäten deshalb zusammenthun, überlassen und mit dem glänzendsten Erfolge begleitet gewesen: nirgends ist jede irgend erdenkliche Versicherung zu so niedrigen Preisen zu finden, nirgends sind so viele, so große, so vollendete öffentliche Anlagen anzutreffen; nirgends aber sind sie auch möglich, als unter denselben Bedingungen, wie in diesem Reiche. Die Versicherungsanstalten bedürfen gar keiner parlamentarischen Autorität, wenn sie ihnen nicht für gewisse rechtliche Befugnisse wünschenswerth ist; bei allen andern, wo die Rechte Dritter kompromittirt werden könnten, ist eine Parlamentsakte erforderlich, welcher eine sehr sorgfältige zwiefache Prüfung durch Special Committees beider Parlamentshäuser vorausgehet; und in dieser Akte werden zugleich Kommissarien bestellt, um die Erfüllung der von den Unternehmern übernommenen Verpflichtungen zu bewachen, das öffentliche und Privatinteresse zu schützen, alle Kollisionen (mit Appellation an die Sessions) zu schlichten. Diese Kommissarien propagiren sich durch und aus sich selbst, und bleiben bestehen, mit der Anlage selbst, ohne daß die Regierung sich darum kümmert; nur wenn die zum legalen Verfahren nach der Parlamentsakte bestimmte Anzahl (gewöhnlich die Dreizahl, höchstens Sieben) nicht mehr existirt, ist eine neue Akte nöthig, um diese Anzahl wieder zu ergänzen *). Die An-

*) Schon früherhin ist dieser ungemein zweckmäßigen Erhebung der Regierungsbeamten zu nie aussterbenden, sich in sich selbst ohne Zutritt der Regierung fortpflanzenden, moralischen Personen gedacht — sie findet ganz allgemein bei allen dergleichen Gegenständen statt, zur wesentlichen Erleichterung der Regierungsbeschwerden und zur sichern Verbesserung der Sache; denn es ist natürlich, daß wenn mir die Wahl meines Kollegen überlassen ist, mit welchem

lage und Unterhaltung der Wege und Brücken ist zwar allgemeine Pflicht der Gemeinden, es finden aber alle Theile in deren Uebertragung an Individuen ihr Bestes befördert; die anderen Anstalten würden ohne diese gar nicht existiren. Die Regierung und die Privatpersonen wissen hierbei ihr wahres gegenseitiges Interesse so richtig zu schätzen, daß, wenn jene öffentliche Anlagen nöthig findet, es nur eines Winks für diese bedarf, solche sofort in Ausführung zu bringen, daher es jener auch nicht einfällt sich für eigne Rechnung damit zu befassen: der Abscheu der Regierung vor dem Regieren, und der Sozietätsgeist der Individuen bieten sich immer einander die Hände und realisiren die ausgedehntesten Unternehmungen *). Die

---

ich Arbeit, Ehre und Verantwortlichkeit zu theilen habe, ich mich wohl vorsehen werde, kein untüchtiges Subjekt mir zuzugesellen; es müssen aber gewöhnlich drei Kommissioners noch beisammen sein, um einen vierten oder mehrere zu wählen; sind sie auf zwei eingestorben, so ist in jedem Falle eine neue eigne (kostbare) Akte erforderlich, lediglich um den dritten herzustellen.

*) Die größesten Beispiele davon geben wohl die in den letzten Jahren erst erstandenen London- und Westindia-Docks, erstere innerhalb, letztere unfern der Hauptstadt. Sowohl das kaufmännische Publikum als das königliche Zollamt erlitten die größte Beschwerde und sehr bedeutende Verkürzung durch die große Anhäufung der in dichten unbeweglichen Reihen aneinander gedrängten, mit kostbarem Gute beladenen Schiffe im Hafen von London (von 13000 Seeschiffen jährlich besucht). Eine schnelle Löschung (Entladung) derselben in wohlverwahrte, bequeme Magazine war das beste Mittel dem Uebel abzuhelfen; diese wurden mit einem ungeheuren Aufwande (mehrere hundert Häuser niedergerissen, an ihrer Stelle Kanäle und Bassins mit den unbeschreiblich geräumigen, prächtigen Magazinen angelegt) von Privatsozietäten, erstere für nordamerikanische und nordische, letztere für alle Kolonialprodukte, ausserdem auch von der Ostindischen Kompagnie für ihre Produkte die East-india Docks, angelegt, nunmehr den Zollbeamten übergeben, jene für ihre Auslage durch das Lagergeld gedeckt. Daneben entstand der große Vortheil, daß die Regierung nun ein Niederlagesystem (the warehousing system) einführen konnte, jedem gestatten, seine Waaren bis er sie aus dem Magazin zur innern Konsumzion entnimmt, unverzollt niederzulegen, welches London zum Stapelort

Feuerversicherungsgesellschaften unterhalten auf ihre Kosten gute Löschungsanstalten, durch Sprützen mit der nöthigen Mannschaft in größern Städten, durch Hülfs- und Rettungsprämien u. s. w. In Zeiten ausserordentlicher Noth tritt wohl das Parlament und in dessen Vakanz der Königl. Geheime Rath hinzu, mit ausserordentlichen temporellen Vorkehrungen, vornehmlich aber doch nur, um durch besondere Belohnungen und Begünstigungen Privatpersonen anzureizen, ihre Anstrengungen zur Abhülfe des allgemeinen Uebels zu verwenden; spezielle Rücksichten für die Hauptstadt oder sonst finden jedoch nie statt, und es ist im Allgemeinen einzig der freien Konkurrenz überlassen die ersten Nothwendigkeiten herbeizuschaffen; nur die Bäcker sind einer Taxe unterworfen und dieß in der Regel blos in London, obwohl das Gesetz allgemein ist *).

8) Dem Geist des ächten kräftigen Patriotismus und der wahren thätigen Humanität, welcher die Britten vor allen andern Nazionen so rühmlich auszeichnet, und diese Nazion so einzig darstellt in der Geschichte, weil dieser Geist sich hier gerade auf der höchsten Stufe des Wohlstandes und der Verfeinerung am allumfassendsten und allerlebendigsten äussert, wo er unter allen andern Völkern ganz erstarb, und jetzt in der Periode allgemeiner Erschlaffung nur allein nach dieser Insel gebannt scheint: diesem Geist ist kein Gegenstand fremd, keiner zu geringfügig, welcher ein öffentliches Interesse darbietet, oder das menschliche Gefühl ergreift. Jeder verständige Plan für einen dahin gehörenden Zweck, von einem das öffentliche Zutrauen genießenden Manne dem Publikum zum Vortrage gebracht, darf sich der bereitwilligsten, kräftigsten, allgemeinsten Unterstützung versichert halten; in der Geburt selbst ist schon

---

der ganzen Welt erheben wird, wie es Amsterdam einst war. Von jenen Docks s. Colquhoun on the Police of the River Thames.

*) Auch für London ist eine Bill sie abzuschaffen in der letzten Parlamentssession (1815) eingebracht.

die Gewißheit seiner Ausführung. Alle Reisebeschreibungen und die Zeitungen, so lange wir sie lesen durften, liefern die Beispiele, wie durch bloße Privatvereinigungen das Verdienst großer Männer im Kriege und im Frieden, oder die Großthaten selbst, durch Denkmale, ihrer würdig, verewigt; wie nach jedem ausgezeichneten Siege den Siegern mit Ehre und Belohnung gehuldigt, den dabei für das Vaterland gebluteten und den Hinterlassenen der Gefallenen jährliche Unterstützungen gestiftet; wie für alles menschliche Uebel und Elend in seinen mannigfachen Schattirungen Hülfe und Beistand in unzähligen Anstalten begründet wird; wie die Nazion selbst das entfernte fremde Unglück (bei dem ersten Bombardement von Kopenhagen, in der Schweiz u. s. w.) mit kräftiger Mildthätigkeit unterstützt; wie für so viele wissenschaftliche Gegenstände, die nur in einiger Berührung mit der Nazion stehen, Ruhm und Nutzbarkeit; wie für Aufrechthaltung und Ausbreitung der Religion und Moralität, für öffentlichen Unterricht, für Verfolgung des Lasters, für Ausführung und Verbreitung nützlicher Erfindungen, für alle große und edle Zwecke ohne einige Ausnahme, der Wille und die Mittel zu momentaner Unterstützung oder zu bleibenden besonderen Anstalten geschaffen worden sind. Aber die einfache eigenthümliche Methode, wie alle solche Vereinigungen, in denen wiederum die Regierung so wirksame Erleichterung und Unterstützung vom Publikum erhält, entstehen und begründet werden, verdient noch besonders bemerkt zu werden. Wer sich berufen fühlt einen solchen Gegenstand öffentlich zur Sprache zu bringen, pflegt darüber zuerst Rath mit einigen gleichgestimmten Freunden, und sucht, wenn er selbst noch dem Publikum unbekannt wäre, die Unterstützung (Patronage) eines königlichen Prinzen oder irgend eines gewichtigen Mannes dafür zu gewinnen. Darauf ergehet eine kurze Ankündigung in den Zeitungen: „N. N. hätten erwogen, daß es von großem allgemeinen Nutzen sein werde, daß der Ruhm der Nazion dabei interessirt sei u. s. w. dies oder jenes zu bewirken, und ein Public meeting (öffentliche berathende Zusammenkunft) aller Freunde der Sache an gewissem Tage und Stunde in einem benannten Gasthofe unter dem Vorsitze von N. N. — des Autors oder Patrons — (N. N. in the Chair) bestimmt, um den Gegenstand in nähere Ueberlegung zu nehmen, und eine Kommittee zur Ausführung zu erwählen." Zuweilen wird noch durch besondere Einladungskarten die Gegenwart der Personen erbeten, welche man wegen ihrer Einsichten und Thätigkeit, wegen ihres Einflusses oder Vermögens, vornehmlich zur Theilnahme zu bewegen wünscht. In solcher öffentlichen Zusammenkunft wird dann der Gegenstand vorgetragen, debattirt, und wenn die Mehrheit dafür entschieden, sogleich die Subskripzion der Beiträge eröffnet, und von denen welche durch eine gewisse Summe stimmfähig geworden, zur Wahl einer Kommittee für Ausarbeitung der Statuten, und zu der des Präsidenten und Gouverneurs, eines Sekretärs, der Rechnungsrevisoren und eines Schatzmeisters des Instituts geschritten, der Tag der nächsten Zusammenkunft verabredet, und bestimmt, wer in dieser den Vorsitz führen soll. Alles dieses wird den gelesensten Zeitungen eingerückt, und die Personen genannt, bei denen man Beiträge niederlegen oder unterschreiben kann; auch macht jeder Theilnehmer es sich zur Pflicht andere unter seinen Bekannten anzuwerben; und fortwährend wird das Publikum, durch Mittheilung in den Zeitungen, in vollständiger Kenntniß erhalten von der Existenz und dem Fortgange, von den Subskripzionslisten, von den dadurch erreichten Zwecken; auch durch einen jährlichen gedruckten Bericht mit Rechnungslegung, welcher jedem der ihn wünscht unentgeltlich verabfolget wird. Ist die Sache einmal im Gange, so genüget eine jährliche Zusammenkunft aller Interessenten, in welcher die Kommittee Rechenschaft ablegt, und eine neue erwählt wird, welche jederzeit mit einem gemeinschaftlichen Mahl der Theilnehmer und Beförderer beschlossen wird. Daher schließen die öffentlichen Ankündigungen solcher Zusammenkünfte immer mit der Nachricht: „Dinner on table at 5. o' Clock" (Es wird angerichtet um 5 Uhr), wobei indessen jeder seine Zeche selbst zahlt. Es ist merkwürdig, wie die sonst so ungeselligen Engländer ihre geschäftlichen Zusammenkünfte nicht ohne Tafelfreuden beschließen können; aber für den Zweck wirken sie immer wohlthätig, weil sie zur nähern Vereinigung für denselben beitragen, manchen Gast wohl selbst erst dazu erwecken, denn nur die Wohlthäter und Gönner der Sache haben Sitzrecht an der Tafel. Nichttheilnehmer, welche durch ein Mitglied eingeführt werden, müssen Einlaßkarten zu bestimmtem Preise lösen.

In eben der Art wird verfahren wenn andere öffentliche Gegenstände in Erwägung gezogen werden sollen, wie die Einreichung einer Bittschrift oder Vorstellung im Parlamente, die Abfassung einer Danksagungsadresse, oder die Absendung einer Glückwünschungsdeputation an den König u. s. w. Es wäre aber kaum begreiflich, wie in solchen oft sehr zahlreichen und gemischten Versammlungen Ruhe, Ordnung und Beschlüsse möglich, wenn nicht dafür die allgemeine Sitte gesorgt, immer mit Ernennung eines Präsidenten (Chairman) anzufangen *), sich der Autorität desselben für die Dauer des Zusammenseins unbedingt zu unterwerfen, und verwickeltere Gegenstände der besondern Bearbeitung und Vorbereitung einer oder mehrerer Kommittees zu übertragen **).

*) Zuweilen wirft sich dieser in der öffentlichen Einladung selbst auf, sonst ist es immer das Erste solchen, und bei zahlreichem Konkurs auch einige Stewards als seine Adjutanten, zu erwählen; sein Ansehen ist unbeschränkt, wem er die Thür weiset wird gewiß gehen, aber es hat an demselben Tage, nachdem dadurch die Ordnung und der Anstand des Mittagmahls, mit den dazu gehörigen Toasts und Sentiments, besorgt, ein Ende; gewöhnlich wird ehe man auseinandergehet der Chairman für die nächste Zusammenkunft, oder er wird für ein ganzes Jahr, selten länger, erwählt.

**) In dieser Art regiert sich auch die zahlreiche sehr vermischte Re-

Alle diese Institute verdanken ihre Entstehung, Begründung und ungestörte Fortdauer dem menschlichen, religiösen und patriotischen Sinn, welcher bei dieser Nazion nicht in Worten sondern in Werken lebendig ist, und in der höchsten Nettigkeit und Solidität seine Freude findet; der freien Regung und selbstthätigen Bewegung aller Kräfte und Triebfedern, von keiner Einwirkung der regierenden Gewalt beengt und gelähmt; der großen Oeffentlichkeit alles Verfahrens, die jeden mit eignen Augen die Verwendung seines Scherfleins verfolgen, und dabei verhältnißmäßig beliebig selbst mitwirken läßt, welche das ganze Publikum — und ein Publikum in der wahren vollen Bedeutung des Worts — zur Kontrolle einladet, und dessen beständige Theilnahme rege erhält; so wie endlich dem diesem Lande eignen Geist der Vereinigung zu gemeinsamen Betrieben, welcher in der Konkurrenz sehr vieler kleinen, dem Einzelnen unfühlbaren Beiträgen an Gelde — man kann diese in der Regel zu einer Guinee für jedes Institut annehmen — und an Mitarbeit, große Dinge möglich macht, welche eines oder weniger Individuen Kräfte von Vermögen und Muße überstiegen haben, daher einzeln nie ausgeführt sein würden *). Deshalb

---

publik der Schuldgefangenen in dem höchst merkwürdigen einzigen Gefängniß der Kingsbench (v. Archenholz II. 180).

*) Dieser brittische Sozietätsgeist ist nicht allein in solchen Instituten, in öffentlichen Anlagen von Wegen, Kanälen u. s. w. so wirksam und heilbringend, er ist auch ein Haupthebel der Fabriken und des Handels, und die Grundlage der großen Unternehmungen, welche wir in diesen bewundern; selten daß ein Mann, ein Haus seine Kräfte einer neuen Anlage widmet, sie ausschließlich für eigne Rechnung unternimmt und betreibt; überall sind es Verbindungen mehrerer Männer, die, der eine den Verstand, viele andere das Kapital konferiren und Güter erzeugen, welche durch isolirte Kräfte und Mittel nicht hätten entstehen können; wer sein Kapital in zehn Unternehmungen vertheilt hat, kann es ertragen wenn einige verunglücken; die reichlichen Zinsen in den übrigen werden ihn entschädigen, zu neuen ermuntern; verunglückte werden kaum bemerkt und schrecken nicht von neuen Versuchen ab, weil sie Niemand ruini-

sind dergleichen Anstalten in andern Ländern so wenig oder doch an Menge, Umfang und Dauer mit den brittischen in gar keinem Vergleiche, weil diese Umstände selten sich vereinigen lassen, auch brittischer Sinn und Methode dabei fehlen. Darum geschiehet da alles nur durch oder doch mit der Regierung, dann aber selten so tüchtig und vollkommen, als durch die freie Thätigkeit verständiger Patrioten, und immer mit verderblichem Einfluß auf den etwa noch übrigen Gemeingeist, welcher allmählig erstirbt, in der Gewöhnung, alle öffentliche Sorge der Regierung und deren besoldeten Beamten zu überlassen, und bei allen Handlungen erst zu berechnen wie sie sich zu Gelde oder an Ehre verinteressiren können.

9) Die freie ungebotene Wirksamkeit des Volks für's allgemeine Wohl ist auch im schönsten Glanze erschienen bei der Bildung einer zahlreichen, wohlgeübten, zur Landesvertheidigung stets schlagfertigen Armee von Freiwilligen. Der lebhafte Eindruck, welchen die bethätigte Drohung einer französischen Landung auf die Nazion machte, von Pitt verständig genutzt und

---

ren; die Dauer dieser moralischen Personen ist nicht auf Ein Leben beschränkt. Bei uns ist das alles ganz anders: jeder strebt für sich, soweit sein Talent und seine Kräfte reichen, oder nur mit wenigen in Kompagnie: die Verdrängung des persönlichen Kredits durch den Realkredit (in England haben nur zwei Grafschaften Hypothekenbücher — Registering offices —) erschwert sein Aufkommen, beschränkt die Unternehmung, die Benutzung von Konjunkturen, beschleunigt seinen Fall bei oft nur geringen Widerwärtigkeiten; mit dem Einen fällt gewöhnlich auch die Sache, wenigstens mit seinem Tode, wo oft Pupillenkollegien in die Leitung des Geschäfts mit eintreten; wir wissen uns mit solchen Sozietäten gar nicht zu benehmen, noch weniger unsre Gesetzgebung: die brittische in dieser Beziehung verdient wohl ein näheres Studium. Es ist thöricht zu glauben, die brittische Regierung befördere durch Prämien den Verkauf brittischer Waaren auf fremden Märkten, oft unter wirklichem Werth, um dem aufkeimenden fremden Erwerbfleiß den Todesstoß zu versetzen; die Kräfte brittischer zu einem Zweck vereinter Sozietätsunternehmungen aber sind leicht zu ermessen!

geleitet, erschuf in allen Klassen den bis dahin fremden militärischen Geist, und es erstand wie durch einen Zauberschlag eine Armee, doppelt so zahlreich als die vorhandenen Truppen, durch das Volk, und blos aus dem Volke, welche der Staatskasse fast gar nichts kostete. Es ist gar nicht wahrscheinlich, daß Pitt selbst die Möglichkeit der Invasion geglaubt haben sollte, aber er gab diesem Glauben Wirksamkeit, indem er sich selbst an die Spitze eines Volontärkorps stellte, und durch großen Aufwand für vielleicht unnöthige oder überflüßige Vertheidigungs- und Befestigungsanstalten an den Küsten: denn es galt einem höhern Zwecke, den die größten Aufopferungen nicht zu theuer erkauft hätten: der Vertilgung des revolutionären Geistes durch den militärischen. Dieser ward vollständig erreicht, die Volontärs entstanden, und die Debating Societies, die Tumulte, alles andere im Stillen noch gefährlicher schleichende Gift, durch Parlamentsakten nicht zu bannen, kaum zu beschwichtigen, erstarben gleichsam wie von selbst. Die Regierung hat indessen auch nachher die Freiwilligen stets aufrecht erhalten, weil — was anfänglich zweifelhaft scheinen mochte, bei ihrem längern Einüben und Zusammensein aber zur Gewißheit wurde, — sie für militärische Zwecke brauchbar wurden; und weil, in einem Zeitpunkte wo alles Gewerbe und Handel einen im Frieden nie gekannten Umfang gewonnen, auch zugleich die bereite, geworbene Armee beständige Ergänzung und Vermehrung forderte, es daher sehr wichtig war durch allgemeiner angefachten und geübten militärischen Geist sich Rekruten zu schaffen.

Zu den geworbenen Landsoldaten (Army, Linientruppen), welche im Frieden in England 17,000 Mann (ohne Artillerie) zu betragen pflegen, in den letzten Kriegesjahren nahe an 150,000 Mann zählten, und zu den konskribirten Soldaten (Militia), welche eben so blos in England ohngefähr 70,000 Mann betragen, kommen gegenwärtig noch die zahlreichen Freiwilligenkorps (Volunteers) hinzu, im Juli 1807 von 480,000 Mann (darunter etwa 18,000 Mann Kavallerie, 12,000 Mann Artillerie, 15,000 Mann Scharfschützen), die sich in der Regel alle selbst kleiden und keine Löhnung empfangen, zum Theil auch auf eigne Kosten bewaffnen; dadurch also nur Menschen die etwas aufzuwenden und zu verlieren haben, die vertrauenswürdigsten respektabelsten Klassen, in sich vereinigen. Der Staat giebt ihnen die Waffen wenn solche gefordert werden, die Kleidung bezahlt er nur im schottischen Hochlande und in den Hebriden; Löhnung nur an den der Zahl nach bestimmten Exerziertagen, auf Erfordern; ausserdem den Adjutanten, Feldwebeln, Exerziersergeanten in jedem Korps die gewöhnliche Löhnung für beständig, ingleichem einigen zu Inspecteurs angeordneten gedienten Staabsoffizieren (inspecting fieldofficers) welche die Korps einmal jährlich mustern. Alles übrige, die Wahl der Chefs und Offiziere — welche als die jüngsten desselben Grades mit der Armee und Miliz rangiren —, der Uniformen u. s. w. ist den Individuen selbst überlassen, nicht einmal eine bestimmte Formazion vorgeschrieben; wie das auch wohl nicht anders sein darf, wenn man die Sache ohne Zwang und mit allem Vortheil freier Vereinigung erreichen will. Jede Vereinigung eines Korps bedarf jedoch der Genehmigung des Königs, und er kann sie kassiren, wenn es ihm gut dünkt; auch werden die Statuten (bylaws) welche sich jedes Korps für seine innere Ordnung giebt, nur durch seine Zustimmung bindend. Im Dienst ist strenge Subordinazion, ausser diesem haben alle Mitglieder gleiches Stimmrecht; die Kriegesartikel gelten ihnen erst dann, wenn sie vor dem Feinde vereiniget sind. Die mit diesen Assoziationen verknüpften Kosten werden von jedem für seine Person selbst bestritten, die allgemeinen durch Unterzeichnung der Bemittelteren und durch Strafgelder.

In gleicher Art sind auch Seefreiwillige (Sea Fencibles) mit Böten an den Küsten zu Ruderflotten vereinigt.

Wer dieses allgemeine Bild der brittischen innern Staatsverwaltung einiger Betrachtung würdigt, der kann die einfache Zweckmäßigkeit in vielen einzelnen Theilen gewiß nicht verkennen; der muß der trefflichen, in und aus sich selbst geordneten und sich erhaltenden Verbindung des Ganzen gerechte Bewunderung zollen; der wird es aber auch begreifen, warum einzelne Gegenstände, welche planmäßige Wirksamkeit einer dieselben im Großen umfassenden gewaltigen Behörde erfordern, Volkserziehung, Armenwesen, Medizinal- und einige Zweige der Sicherheitspolizei, das Gepräge der Vortrefflichkeit nicht tragen können. Doch die übeln Seiten der zu wenigen Regierung werden unendlich überwogen durch die Unmöglichkeit der zu vielen Regierung. Merkwürdig ist dabei das hohe Alter der Grundeinrichtungen, ihr durch alle Stürme äusserer Veränderungen glücklich hindurch geführter, immer unveränderlich erhaltener Charakter: aus dem alten Germanien wurden sie zuerst nach England übertragen; wir finden die Spur derselben in der ursprünglichen Verfassung aller nordischen Völker germanischen Stammes; selbst in den englischen Benennungen ist die Abstammung vom altdeutschen Ausdruck und Sitten unverkennbar. Aber bei den andern Nazionen finden wir sie nur in den todten Geschichtbüchern, in Britannien allein noch in lebendiger Wirklichkeit; hier hat die Gewalt der gesunden unverkünstelten Vernunft, des Einfachen und des Wahren, das Rechte behauptet; hier ist das Volk, unter allem Wechsel und Erschütterungen der Bildung und Begründung seiner Konstituzion, immer in der Ausübung des Rechts sich selbst zu richten, und des noch unschätzbarern Guts sich selbst durch die Verständigsten aus seiner Mitte zu regieren, geblieben. So wenig die geistliche Gewalt als das geistliche Recht, selbst das römische Gesetzwerk nicht, vermochten hier ihre Herrschaft dauernd zu begründen; das alte Herkommen erhielt sich und die alt gewöhnten Formen, wenn sie auch zum Theil ausbildend fortschritten mit den Zeiten, und diesen sich anpaßten: denn so wie die Zeiten auf die Menschen einwirkten, so die Menschen auf die Formen, welche durch jene selbst allein bestanden.

Diesen Vorzug, wie viele andere, verdankt Großbritannien insbesondere seiner insularischen Lage, welche den Einfluß des Fremden abwehrte, welche dem Reiche eine Unabhängigkeit von auswärtigen Händeln gab, früher das Lehnsband lösete, und die Bildung eines achtungswerthen Mittelstandes nicht allein auf die Städte beschränkte, — späterhin eine zahlreiche stehende Armee entbehrlich machte; welche so förderlich war für die Bildung der Nazionalität, indem sie das Volk auf sich selbst beschränkte, und für sich selbst lebendig machte; welche den Gemeingeist, durch diesen die öffentliche Meinung und die Publizität erschuf *).

So sehen wir denn jetzt in völliger Opposizion mit dem von allgewaltiger Autorität festgestellten Grundsatze: die Regierung müsse alles für das Volk thun, nichts durch das Volk geschehen, — in Großbritannien nichts für das Volk, alles durch dasselbe geschehen, und durch dasselbe im vollesten Umfange seiner unbeschränkten Kraft mehr geschehen, als die regierende Gewalt in Schein und Wirklichkeit je irgendwo auszuführen vermochte. Wenn in andern Ländern von den Einsichten und der Autorität der Regierungen alles erwartet, alles diesen überlassen und übertragen wird, jede freie Wirksamkeit der Unterthanen ihnen wohl gar für Eingriff in die regierende Gewalt gilt: so finden wir hier die gesammte öffentliche Geschäftigkeit

*) Für diese sorgen die öffentlichen Blätter, und daß sie so zahlreich gelesen werden schafft der Gemeingeist: man rechnet daß in Großbritannien jährlich 24 Millionen Stück Zeitungen gedruckt werden; im Jahre 1807, wo in London allein täglich 500 Setzer und 300 Drucker für Zeitungen und Journale arbeiteten, erschienen dort 49 Zeitungen (darunter 17 täglich, eine in 10,000 Exemplaren); in den Provinzen 84, in Schottland 18, in Irland 33; für Rechnung des Staats, mit monopolistischen Beschränkungen, keine einzige; dieser findet viel sicherern Gewinn im Zeitungsstempel. Was sind unsre deutschen Journale gegen brittische Zeitungen!

mit unmerklicher Regierungs-Einwirkung vom Volke ausgeübt. Wenn dort die Regierungskunst wissenschaftlich behandelt, in alle ihre Theile zerlegt, systematisirt, beschrieben und auf öffentlichen Lehrstühlen vorgetragen wird, wenn man von denen ihrer Ausübung Geweiheten wissenschaftliche Vorbereitung fordert — wo nicht etwa konstituzionsmäßig begründete Willkühr solcher entübrigt — die Ausübung selbst einer Reihefolge von Verwaltungs- und Kontrollirungsbehörden überträgt: so werden hier durch den starken gesunden Menschenverstand blos praktischer gemeinsinniger Männer, unter der Kontrolle des Publikums, die für das große Ganze wichtigsten Staatsgeschäfte geführt. Wenn in vielen andern Ländern die zahlreichste untere Klasse der Einwohner, neben großer intellektueller Stupidität und moralischer Verwilderung, auch die betäubendste bürgerliche Apathie darstellt, so überrascht desto erfreulicher in England, — wo gar keine Schuleinrichtung bestehet, — auch unter dieser, wie in allen Klassen, die Allgemeinheit eines gewissen praktischen Verstandes, der Kenntniß von Rechten und Pflichten, der Lokal- und Nazionalkunde, und vornehmlich des lebendigen Interesse an allem was das Vaterland, den Nutzen und den Ruhm der Nazion betrifft: hiermit ist Jeder gewöhnt stets Alles und, was das wichtigste ist, Sich Selbst in Beziehung zu bringen, und immer sich seiner Würde als selbständiges Mitglied des Ganzen bewußt zu bleiben.

Wer unparteiisch vergleichen, die Sache aus den Erfolgen erkennen will, der muß das Zeugniß geben, daß hier mehr geschehen ist als dort, hier weniger geschrieben und gedruckt, aber lebendiger gehandelt wird, hier mehr reges sichtbares Fortschreiten zum Nützlichen, Großen, Vortrefflichsten, sich findet, hier weniger in Buchstaben und Formen erstirbt: — und es wird so immer sein und bleiben, die Regierungsweise immer die vorzüglichere, welche die Menschen am wenigsten den Druck der bürgerlichen Vereinigung empfinden läßt, welche für den Staatszweck nicht mehr Beschränkung als eben noth ist erfordert, und immer im Bürger den Menschen ehrt. Wo jeder für seine nicht schwergemachten — sei es auch nur im Schein — selbst auferlegten Pflichten sich angenehmer Rechte zu erfreuen hat, da wird jeder zufrieden sein, und im Gefühl des eignen Wohlbefindens auch gern dem allgemeinen Besten thätig dienen, da kann dieses der kalten Indolenz des Egoismus nicht erliegen, da können Scheintugenden sich nicht behaupten, Furcht und Ehrsucht den Geist der Gesetze nicht vergiften.

So ist es in Großbritannien, so könnte es auch in andern Staaten sein: die Fähigkeit eines Volks, öffentliche Geschäfte zum eignen und allgemeinen Besten auszuüben, setzt freilich allgemeinere Existenz von Verstand und Rechtlichkeit, Vaterlandsliebe und Gemeingeist, Gewandtheit und Selbständigkeit voraus, welche anscheinend erst Wirkung einer, die Ordnung, Industrie und Freiheit begünstigenden Verfassung sein können: aber es ist eine tröstende Erfahrung, daß, sobald nur die nothwendigen Bedingungen gegeben sind, die Sache bald wie von selbst folgt, und daß die Menschen, bei der ihnen fast überall eignen Neigung für öffentliche Geschäfte, bald die Fertigkeit dazu erwerben wenn man ihre freie Wirksamkeit dabei nur nicht beschränkt. Wenn einzelne Beispiele von den an manchen Orten betriebenen Wohlthätigkeitsanstalten uns überzeugen, was der freien Thätigkeit der Einwohner im Kleinen möglich ist, so dürfen wir an dem Erfolg im Größern nicht verzweifeln, und wenn wir auch noch lange von dem erhabenen Vorbilde der brittischen Vollkommenheit entfernt bleiben, weil einige andere ihrer wichtigen Grundlagen — der hohe Wohlstand und Unabhängigkeitsgeist, die öffentliche Moralität und der hohe Gemeingeist — nicht alsbald in unserer Gewalt stehen, so ist doch schon der geringste glückliche Anfang ein großer Gewinn. Die Form der Staatsverfassung ist allerdings nicht gleichgültig, aber sie ist nicht nothwendige Bedingung; unter allen Völkern die nicht reine Despotie beherrscht, ist eine ausgedehnte Theilnahme der Einwohner an den öffentlichen Geschäften möglich; die Erziehung kann dafür sehr nützlich wirken, wenn sie wirkliche Nazionalerziehung wird, sogar mehr noch als in England, wo sie für die niedre Klasse gar nicht existirt; nur Publizität, freie Ungebundenheit des öffentlichen Urtheils über öffentliche Personen und Gegenstände (wie in England: Göde II. 28) gleich im Beginnen, und wir werden bald aus der schönen Blüthe des Gemeingeistes die goldene Frucht der öffentlichen Meinung sich bilden sehen.

Beilagen.

1.

Commission of the Peace, friedensrichterliches Patent.

Georg der Dritte von Gottes Gnaden ꝛc. an A. B. C. D. E. etc. (Namen der Friedensrichter)

Wisset daß Wir Euch erkoren haben, vereinigt und jeden Einzelnen von Euch, zu Unsern Richtern, um Unsern Frieden zu handhaben in Unserer Grafschaft M., und zu beachten und beachten zu lassen alle Vorschriften und Statuten zum Besten des Friedens und dessen Bewahrung, und für die ruhige Regierung Unseres Volks, in allen und jeden Artikeln derselben, innerhalb Unsrer genannten Grafschaft (sowohl innerhalb als außerhalb der Freiheiten) und nach der Kraft Form und Wirkung derselben, und zu strafen und züchtigen alle Personen welche die vorgeschriebene Form dieser Statuten verletzen, und vor Euch oder einem von Euch zu veranlassen, alle diejenigen welche gegen einen oder mehrere Unseres Volkes, ihre Leiber oder Wohnungen, Drohungen ausgestoßen haben, um Sicherheit zu stellen, für den Frieden oder ihr ruhiges Betragen gegen Uns oder Unser Volk, und wenn sie solche nicht leisten wollen oder können, dann sie in Unsern Gefängnissen sicher bewahren zu lassen, bis sie diese Sicherheit gestellet haben.

Wir haben Euch ebenfalls dazu ausersehen, daß Ihr und jede zwei oder mehrere von Euch (von denen der vorgenannten A. C. E. etc. immer einer sein soll) als Unsre Richter, auf den Eid guter glaubhafter Männer in der genannten Grafschaft von denen sich die Gewißheit am besten erfahren läßt, die Wahrheit erforschen sollet von allen und jeden Arten von Verbrechen, Vergiftungen, Bezauberungen, magischen Künsten, Gesetzesverletzungen, Vor- und Aufkäufereien, Erpressungen jeder Art, von denen Unsre Friedensrichter sich unterrichten mögen und sollen, von wem, an welchem Orte und wie sie auch in der genannten Grafschaft vollführt oder versucht sein sollten; nicht weniger auch von allen aufrührerischen Vereinigungen und Friedensstörungen; von allen mörderischen Anfällen und Absichten; von allen Feilhabern nothwendiger Lebensbedürfnisse, welche in Maaß und Gewicht oder auf irgend andre Weise die für das gemeine Beste Unsres Reiches erlassenen Statuten betrügerisch verletzet haben, oder verletzen wollen; von allen Sheriffs, Bailiffs, Stewards, Konstables, Gefangenwärtern und andern Beamten, welche in Ausübung ihres Amtes sich ungebührlich, sorglos, schlaff, nachläffig benommen haben, und von allen andern besondern Gegenständen Umständen und Dingen welche gegen die öffentliche Ordnung versucht und begangen werden. Auch sollet Ihr nachsehen alle vor Euch oder einem von Euch liegenden noch nicht beendigten Anklagen, und das Verfahren darin fortsetzen und verfolgen, bis die darin berührten Personen festgenommen, sich selbst übergeben haben, oder ausser dem Gesetze erklärt werden; Ihr sollet hören und nach den Gesetzen und Statuten von England beendigen alle fernerhin bei Euch angebrachten Beschwerden, und die Verbrecher und Beleidiger strafen, wie es nach diesen Gesetzen Gewohnheiten und Statuten bisher üblich gewesen ist und geschehen soll.

Vorgesehen jedoch, daß wenn in allen dergleichen Fällen Schwierigkeiten Euch, oder zweien und mehreren von Euch, entstehen möchten, Ihr sodann nie anders ein Urtheil darüber fällen sollet, als in Gegenwart eines der Richter von Unsern Obergerichtshöfen.

Diesemnach befehlen Wir Euch, daß Ihr eifrigst und fleißig bemühet sein sollet den Frieden, die Gesetze und Statuten zu handhaben; daß Ihr aber, je zwei von Euch, gewisse Tage und Orte bestimmen sollet um diesen Zweck zu erfüllen, und daß Ihr alle und jede bei Euch angebrachte Gegenstände hören und erörtern, verrichten und erfüllen sollet, wie es vorher bestimmt worden, und darin verfahren wie es die Gerechtigkeit fordert, nach Gesetz und Gewohnheit des Landes, vorbehaltlich Unsrer Begnadigung und anderer Uns nach solchem Recht gebührenden Dinge.

Auch befehlen Wir, Inhalts dieses, Unserm Sheriff von M. an den von Euch oder zwei von Euch ihm bestimmten Tagen und Orten soviel gute glaubwürdige Leute aus seinem Bezirk zu gestellen, als nöthig sind um die Wahrheit der vorliegenden Gegenstände besser zu erfahren und zu erörtern.

Endlich haben Wir Euch, den vorgenannten A, zum Bewahrer des Archivs Unsres Friedens in benannter Grafschaft ernannt: deshalb ist es Eure Sorge daß, auf die bestimmten Tage und Orte, vor Euch und

Eure Kollegen alle schriftliche Verhandlungen über vorbemerkte Gegenstände gebracht und vorgelegt werden, um solche einzusehen und darüber zu bestimmen.

2.

Dienstanweisung für die Oberkonstabel in Glocestershire *).

Ihr seid die ersten ausführenden Beamten in den verschiedenen Bezirken, und als solche verpflichtet alle Anweisungen und Vorschriften auszuführen, welche die obern Beamten (Magistrates) an Euch richten, und ihren Aufforderungen zu genügen.

Ihr seid nach gemeinem Recht Erhalter des Friedens (Conservators of the Peace) und über die gleiche Gewalt in Euern Hundreds als die Unterkonstabel in ihren Kirchspielen; Ihr seid mit gleicher ausgedehnter Macht ausgerüstet den Beistand aller Unterthanen Sr. Majestät aufzufordern; Ihr genießet den Vorzug einer gleichen Entschädigung und gleichen Schutzes in der Ausübung Euers Amtes.

Es ist Eure Pflicht zugegen zu sein bei den Sitzungen der Friedensrichter (Petty Sessions) für Euer Hundred; bei den Vierteljahrsversammlungen habt Ihr zu berichten über den Zustand und die Umstände des Hundreds dem Ihr vorstehet; Ihr habt dort alle solche Personen und Dinge anzuzeigen (present) welche den öffentlichen Frieden stören und die öffentliche Sicherheit befährden. Bedenket, daß Ihr Euch mit der Schuld des Meineids eben so belastet indem Ihr zurückhaltet was wahr ist, als indem Ihr anzeiget was falsch ist; lasset die unglückliche Gewohnheit „Alles gut" zu berichten, nicht das Gewissen einschläfern, aber gebet Niemand an aus Bosheit oder Rachsucht, schonet Niemand aus Gunst oder Vorliebe: thuet Eure Schuldigkeit und überlasset das weitere den Richtern!

Personen, Eurer besondern Aufmerksamkeit empfohlen, sind die Halter liederlicher Wirthschaften und diejenigen welche Dinge treiben und

*) Diese Dienstanweisungen werden, ziemlich gleichlautend im Wesentlichen, von den Friedensrichtern in den Vierteljahrsversammlungen abgefaßt und jedem betr. Beamten eine Abschrift vom Friedenssekretär zugestellt.

befördern wodurch die öffentliche Sittlichkeit verdorben, Müßiggang und Laster befördert werden, Trinker und Spieler in Bierhäusern rc. Es ist Eure Pflicht oft in den Wirthshäusern nachzusuchen, ob die Vorschriften und Verordnungen der Quarter Sessions über deren Führung (aus welchen ein Auszug an einigen augenfälligen Stellen in allen öffentlichen Häusern aushängen muß) auch pünktlich beobachtet werden.

Dinge Euerer vorzüglichen Beachtung sind die öffentlichen Wege, Brücken, Brunnen, Fährlichkeiten aller Art, welche Ihr angeben müßt wenn sie den Reisenden und dem Gemeinwohl verderblich werden könnten.

Als Männern von vorzüglichem Ansehen und Vermögen ist Euch die Erhebung der Provinzial-Steuer (County Rate) übertragen: hierbei ist von Euch das richtige Verhältniß der Beiträge in den verschiedenen Kirchspielen Eueres Bezirks zu beachten, Euch zu überzeugen, daß der Gesammtbetrag die jedem Kirchspiel auferlegte (assessed) Summa nicht überschreitet; die erhobnen Gelder müsset Ihr ohne Abzug irgend einer Art dem Schatzmeister (Treasurer of the County) übergeben bei oder vor den nächsten Sessions, seine Quittung ist Eure Rechtfertigung. Beim Empfange Euerer Zahlungsliste (Warrant) durch den Generalsekretär (Clerk of the Peace) habt Ihr die von jedem Kirchspiel zu zahlende Summe schriftlich von den Kirchenvorstehern zu erfordern, und wenn Ihr diese Anweisung denselben oder einem derselben nicht zu behändigen vermöget, solche in ihren Wohnungen zu hinterlassen oder den Kirchenthüren anzuheften; wenn sie dann versäumen in den nächsten 30 Tagen zu zahlen, oder solches verweigern, so habet Ihr unter Genehmigung von zwei Richtern zur Exekuzion (distress) zu schreiten. Den Quarter Sessions überreichet Ihr die Nachweisung des Erhobenen, und wenn Ihr es versäumt diese Beiträge einzufordern, zu erheben, zu berechnen, wie es eben vorgeschrieben worden, so werdet Ihr ins Gefängniß gesetzt, so lange bis Ihr vollständig genüget haben werdet. Den Unterkonstabeln zahlet Ihr die Kosten der Aufgreifung und des Transports von Landstreichern, nach den Euch vorgezeigten, den Betrag enthaltenden Anweisungen, deren Quittung ist Euer Belag bei der Berechnung mit dem Schatzmeister.

Wenn Ihr die Anweisung erhaltet die Listen der zu Geschwornen geeigneten Personen einzureichen (return), so erlasset Ihr Eure Vorschriften an die Unterkonstabel zu deren Aufnahme in vorgeschriebener Form und übergebet dann solche in den Michaelis Sessions.

Gedenket stets Eures Eides nach Euerm besten Wissen und Vermögen Euer Amt wahrzunehmen; schwere Strafen treffen die Versäumniß, und der Vorwand der Unwissenheit kann Euch nicht schützen.

Auf Befehl der Epiphany Sessions 1788 wird Abschrift dieser Dienstanweisung jedem Oberkonstabel bei seiner Einschwörung behändigt.

C. Whithorne

Substituirter (Deputy) Friedenssekretär.

3.

Dienstanweisung für die Konstabel *).

Ihr seid die unmittelbaren Untergeordneten der Friedensrichter, verpflichtet alle Anweisungen (Warrants) Aufforderungen (Summonses) und Gebote welche dieselben an Euch ergehen lassen, oder welche nach deren Vorschrift von dem Oberkonstabel des Bezirks an Euch erlassen werden, mit Schnelligkeit und Willigkeit auszuführen.

Der wesentliche Theil Eurer Amtspflicht beruhet in allgemeiner Oberaufsicht auf den Frieden und die gute Ordnung in Euerm Bezirk: zu diesem Zweck ist große Gewalt Euch übertragen, Eure Pflicht ist es zu handeln. Euer Eid bindet Euch jedem Friedensbruch in Euerer Gegenwart zu steuern; die Unterlassung macht Euch schwer strafbar; Ihr seid nicht blos ermächtigt (wie jede Privatperson es ist) Unordnung (affray) in Eurer Gegenwart zu stillen, sondern auch verantwortlich (at your peril) für Verwendung aller Eurer Kräfte um solche abzuwenden. Wenn irgend Jemand drohet einen andern zu tödten, zu schlagen, zu beschädigen, oder augenscheinlich bereit ist den Frieden zu stören, so fordert Eure Pflicht dazwischen zu treten, und wenn der Ruhestöhrer (offender) beharret, ihn vor einen Richter zu bringen, um Bürgen für den Frieden zu stellen.

Ihr müßt allen öffentlichen Auflauf unterdrücken, und — welches das beste ist — solchem vorbeugen; höret Ihr Unruhen in öffentlichen Häusern, welche eine Verletzung des Friedens besorgen lassen, so müßt Ihr hinein gehen und gute Ordnung herstellen; werdet Ihr aufgerufen irgend eine Störung zu hindern oder zu unterdrücken, so müßt Ihr so-

---

*) Ebenfalls Uebersetzung der Instructions to Constables and Tythingmen in Glocestershire.

gleich folgen: — Versäumniß ist strafbar. In allen solchen Fällen werdet Ihr zuerst Ueberredung und Ermahnungen verwenden: — wenn diese unwirksam bleiben, die Beleidiger verhaften: in allen Fällen aber wo Ihr aus eigner Macht Jemand verhaftet, ihn sobald als möglich vor einen Richter führen. Ist solches wegen Nachtzeit, Entfernung, oder wegen anderer rechtlicher Hindernisse, nicht thunlich, so könnt Ihr ihn bis zum Morgen in sicherm Verwahr halten; in keinem Falle aber dürfet Ihr, welches auch die Veranlassung der Verhaftung sein möge, Jemand aus eigner Macht aus Euerer Verwahrung wieder entlassen.

Ihr habt zu jeder Zeit allgemeine Nachsuchungen (pursuit of Hue and Cry) auf frischer That zu veranstalten, wenn Ihr dazu aufgefordert, und Euch hinlängliche Ueberzeugung von dem Verbrechen und eine Beschreibung des Verbrechers gegeben worden; Ihr habt alsdann unter dem Beistande solcher Personen welche dazu von Euch erwählt und entboten werden, bei Nacht und Tag an allen verdächtigen Orten in Euerm Bezirk den Verbrecher aufzusuchen und mit Uebersendung der Beschreibung seiner Person auch die benachbarten Konstabel sofort aufzufordern.

In Ausübung des Amts dürft Ihr Euch durch Furcht nicht schrecken, durch Gunst und Vorliebe nicht bestechen lassen. Zur Unterstützung Euerer Amtsthätigkeit hat das Gesetz Euch mit ausgedehnter Macht ausgerüstet, sowohl zu Euerm Beistand als auch zu Euerm Schutze und Schadloshaltung. Ihr könnt aufrufen die Hülfe und den Beistand aller Unterthanen des Königs: weigern sie solche, so werden sie straffällig mit Geld oder Gefängniß. Ihr werdet entschädigt für alles was Ihr thut in Befolgung der Vorschriften eines Richters: daher sehet Euch wohl vor, pünktlich die Anweisung Eueres Auftrages zu beachten und verwahrt solchen demnächst zu Euerer Rechtfertigung. Solltet Ihr angegriffen werden in Ausübung Eueres Amtes, so stehet Ihr unter dem besondern Schutze des Gesetzes welches dieses Verbrechen mit sehr schwerer Strafe ahndet.

Ihr dürfet keine gemeine Bettler und Herumstreicher (Vagrants) in Euerm Sprengel dulden, und führet solche sofort einem Richter vor; unter letztere begreifet Ihr im Allgemeinen alle Personen, welche unter falschem Vorwande ohne Paß herumwandern, betteln, in öffentlichen Häusern, Scheunen rc. einkehren, keine Auskunft über sich geben können, Zigeuner, Wahrsager, Spielleute, Gaukler oder andre welche verborgene Kräfte vorwenden des Königs Unterthanen zu betrügen; Arzneiverkäufer, Trödler, Packenträger ohne Gewerbschein: die Aufgreifung aller degleichen berechtigt Euch zu einer Belohnung, aber Ihr seid straffällig wenn Ihr solche verweigert oder versäumt.

Bei begründetem (reasonable) Verdacht habt Ihr Verbrecher und Gesindel (rogues) aller Art zu verhaften und einem Richter vorzuführen; Ihr müßt ein wachsames Auge auf Fremdlinge von verdächtigem Ansehen haben, welche in Euerm Bezirk herumtreiben; lassen sie sich außer ihren Wohnungen, zu ungewöhnlichen Zeiten in der Nacht antreffen, und weigern dann Auskunft über sich zu geben, so habt Ihr sie bis zum nächsten Morgen zu verhaften und dann einem Richter vorzuführen: durch Eure Achtsamkeit hierauf können Hauseinbrüche Verbrechen und Bosheiten am sichersten verhütet werden.

Ihr müßt die Wirthshäuser häufig untersuchen und darauf sehen, daß die Vorschriften der Quarter Sessions pünktlich ausgeführt werden, welche im Auszuge in allen Wirthshäusern sichtlich ausgehängt sein müssen. Alle Wirthe welche Kartenspiel und Trinkgelage (tipling) — d. h. längeres Trinken und in größerem Maaße als die nöthige Erquickung erheischet — oder andre Unregelmäßigkeiten gestatten, habt Ihr anzugeben, auch den Richtern in ihren Petty Sessions das Ergebniß Eurer Visitation zu berichten und die Namen der Personen anzuzeigen, welche Ihr spielend und trinkend zu unzeitigen Stunden gefunden habt. Findet Ihr hierbei liederliche Menschen, welche sich nicht auszuweisen und ihre Unterhaltsmittel nachzuweisen vermögen, so müßt Ihr solche verhaften und am folgenden Morgen vorführen.

Es ist Eure Pflicht den Richtern diejenigen anzugeben welche übelberufene Wirthschaften halten, verbotene Spiele dulden, Bier ohne Erlaubnißschein ausschenken, Herumstreicher aufnehmen. Vorzüglich müßt Ihr des Sonnabends Abends aufpassen, wo häufig vieler armen Leute Wochenlohn verpraßt wird, deren Familien dem Hunger und Kummer die ganze folgende Woche bloßgestellt sind.

Die Heilighaltung des Sonntags müßt Ihr besonders befördern, und diejenigen in Obacht nehmen welche öffentliche Häuser während der Gottesverehrung besuchen.

Trunkenbolde mußt Ihr den Richtern sofort angeben, und wenn Ihr höret, daß in Euerm Gehör (hearing) sich Jemand unterstehen sollte gotteslästerlich zu fluchen, so überreichet davon Eure Angabe wenn Ihr ihn kennen solltet: sonst aber führet ihn vor einen Richter, denn Nachlässigkeit hierin würde Euch selbst strafbar machen.

Die Liste der Geschworenen fertigt Ihr nach der Vorschrift; solltet Ihr Jemand auslassen der darauf gehöret, oder Jemand einrücken der heraus bleiben sollen, oder empfanget Ihr gar Geschenke für irgend eine solche Aufnahme oder Uebergehung, so trifft Euch eine schwere Strafe bei der Ueberführung davon vor einem Richter.

Vergesset nie, daß Euer Eid Euch bindet alle diese Verpflichtungen nach Euerm besten Wissen und Vermögen auszuüben, und daß deren Versäumniß der verabscheuungswürdigen Sünde des Meineids schuldig macht. Erinnert Euch daß Ihr der ausübende Arm der Gerechtigkeit seid, der Bewahrer des Friedens, und daß eine Vernachlässigung Euerer Pflicht den Lauf des Rechts hemmet und Eure Mitbürger der Sicherheit und des Schutzes beraubt, welche jeder rechtliche Mann berechtigt ist durch Euch zu genießen. In mehrern Fällen seid Ihr zu Belohnungen berechtigt und Eure nothwendigen Auslagen werden nach gewissen Bestimmungen Euch vom Kirchspiel, von der Provinz, oder von den Parteien erstattet.

Druck von G. Reimer.

Kolibri 360 GmbH
Ferdinand-Jühlke-Straße 7
99095 Erfurt, Deutschland
produktsicherheit@kolibri360.de